"Orar por su hija es una de las cosas más importantes que hará en su vida. He visto a Dios hacer cosas asombrosas en la vida de mi hija por comprometerme a orar por ella. Si usted es un padre con hijas, va a querer leer este libro".

Mark Batterson, autor del libro de mayor venta, según las listas del diario *The New York Times*, *El hacedor de círculos*, y pastor principal de la iglesia National Community Church

"Todas las hijas quieren ser "vistas" por sus padres. Anhelan saber que son especiales y amadas por ellos. Las oraciones de Rob y Joanna Teigen en este libro lo ayudarán a ver a su hija de una nueva manera y hacer lo más poderoso: amarla a través de sus oraciones".

Chris Fabry, autor; anfitrión del programa Chris Fabry Live

"Rob y Joanna Teigen han escrito el libro ideal para ayudar a los padres a orar por sus hijas. Han abarcado virtualmente cada área en la que una niña necesita cobertura de oración. Y les han dado a los padres las palabras perfectas que usar. ¿Quiere ser un mejor padre? Ore por sus hijos. Este libro le ayudará".

Rick Johnson, autor de los libros de mayor venta *That's My Son, That's My Girl* [Ese es mi hijo, esa es mi hija] y *Mejores papás, hijos más fuertes*

"¿Existe un legado más dulce que le pueda dejar un padre a su pequeña que saber que sus padres oraron por cada área de su vida? Rob y Joanna Teigen les dan a los padres las herramientas que necesitan para hacer de esa esperanza una realidad. Me encanta su acercamiento afectuoso y al mismo tiempo práctico para equipar a los padres en su búsqueda de ser los padres que quieren ser".

Kathi Lipp, autora de los libros de mayor venta *The Husband* Project [El proyecto: mi esposo] y *Clutter Free* [Libre de desorden]

"Nuestras hijas se inspiran cuando saben que son amadas, escuchan palabras de ánimo y saben que estamos orando por ellas. Rob y Joanna Teigen han confeccionado un libro excelente para ayudar a los padres a tener éxito en estas áreas vitales con sus hijas. ¡Recomiendo bastante este libro!".

Bill Farrel, coautor de *Los hombres son como waffles, las mujeres como espaguetis*; www.love-wise.com

"*Oraciones poderosas por su hija* funciona en muchos niveles distintos. Los versículos bien escogidos y las oraciones sinceras hacen de este un recurso invaluable. El futuro está innegablemente lleno de momentos de bendiciones y quebrantamiento, amor y soledad, la necesidad de valentía y la necesidad de compasión. Y los padres deben estar preparados. Estas páginas inspiradoras ayudarán a los padres preocupados a guiar a sus hijas a través de cada etapa de su vida".

Jay Payleitner, orador nacional; autor de los libros de mayor venta *52 Things Kids Need from a Dad* [Cincuenta y dos cosas que los niños necesitan de su padre] y *The Jesus Dare* [El desafío de Jesús]

ORACIONES PODEROSAS para su hija

ROB & JOANNA TEIGEN

CASA CREACIÓN

La mayoría de los productos de Casa Creación están disponibles a un precio con descuento en cantidades de mayoreo para promociones de ventas, ofertas especiales, levantar fondos y atender necesidades educativas. Para más información, escriba a Casa Creación, 600 Rinehart Road, Lake Mary, Florida, 32746; o llame al teléfono (407) 333-7117 en Estados Unidos.

Oraciones poderosas para su hija por Rob y Joanna Teigen
Publicado por Casa Creación
Una compañía de Charisma Media
600 Rinehart Road
Lake Mary, Florida 32746
www.casacreacion.com

Traducción: pica6.com (Salvador Eguiarte D. G.)
Diseño de la portada por: Lisa Rae McClure
Director de Diseño: Justin Evans

Visite el sitio web de los autores en: www.growinghometogether.com

Copyright © 2019 Casa Creación
Todos los derechos reservados

Library of Congress Control Number: 2019946478
ISBN: 978-1-62999-265-5
E-book ISBN: 978-1-62999-266-2

Nota: Aunque los autores hicieron todo lo posible por proveer
teléfonos y páginas de internet correctas al momento de
la publicación de este libro, ni la editorial ni los autores
se responsabilizan por errores o cambios que puedan surgir luego de
haberse publicado. Además, la editorial no tiene control ni asume
responsabilidad alguna por páginas web y su contenido de ya sea los
autores o terceros.

Impreso en los Estados Unidos de América
19 20 21 22 23 * 7 6 5 4 3 2 1

A nuestras hijas
Emma, Leah y Anna.
¡Son amadas!

CONTENIDO

UNAS PALABRAS *de* ROB

Las oraciones van a donde un padre no puede ir. Suaviza los corazones endurecidos, ilumina las mentes entenebrecidas y guía las almas perdidas. La oración es la manera en que un padre pone los asuntos en manos de Dios.

Will Davis Jr.[1]

TODOS ME CONOCEN COMO el papá al que le gusta divertirse. He escrito libros de chistes para niños y todo un libro de ideas para que los padres salgan con sus hijas. Mi esposa pone los ojos en blanco cada vez que hago un alboroto con las niñas cuando se supone que las debería calmar antes de acostarlas a dormir. Mi tiempo preferido del día es cuando entro después del trabajo y me voy directo a la cama elástica para saltar con las niñas. Vamos a conciertos, pasamos a tomar un café antes de clases y hacemos un desastre en la cocina cada Navidad al hornear galletas juntos.

Paso todo este tiempo con mis hijas porque las amo. Me hacen reír. ¡Son mis personas favoritas! Pero también invierto el tiempo porque creo que su relación conmigo es crucial para su futuro. Si se sienten amadas y queridas por mí, no será tan probable que satisfagan sus necesidades en los lugares incorrectos. Si estamos cómodos y somos abiertos entre nosotros, puedo compartirles mi fe y hablarles la verdad. Sobre todo, el amor que reciben de mi parte es la primera probada del amor de Dios mismo.

Sin embargo, me doy cuenta de que no importa cuánto tiempo pasemos juntos, no puedo controlar en quienes se convertirán finalmente. Toda la instrucción, consejo y protección que les doy no asegura que todo irá bien en sus vidas. No importa con cuanta frecuencia las lleve a la iglesia y tengamos devociones a la hora de la cena, no puedo hacerlas abrazar mi fe en Dios y vivir para Él.

Por eso tengo que poner a mis hijas en manos de Dios. Me alienta saber que aunque no soy un papá perfecto, Dios siempre será un Padre perfecto. No siempre sé lo que es mejor para mis hijas, pero Dios sí. Lo mejor que puedo hacer es llevar a mis hijas y sus necesidades a Él en oración. No es nuestro último intento desesperado para hacer que las cosas salgan bien; es lo *primero* que deberíamos hacer porque invita el poder de Dios en sus vidas.

No obstante, algunas veces es difícil saber con exactitud cómo orar por nuestras hijas. No siempre me puedo identificar con sus emociones. Tienen luchas y experiencias de las que no siempre estoy al tanto. Veo una actitud o una perspectiva que necesita ajuste, pero no sé qué decir. Puede ser difícil saber si necesitan más límites o mayor libertad.

Por eso escribimos este libro: para brindar algunas perspectivas acerca de la paternidad y oraciones que ponen en palabras las preocupaciones que sienten los papás por sus hijas.

Este libro es una herramienta para ayudarlo a medida que lleve a su hija al Señor en oración. Podría ser útil hacer una oración cada día o cada semana o seleccionar una cuando haya un tema específico en su mente.

Tómese el tiempo de leer y meditar en los versículos incluidos con cada oración para que Dios le pueda hablar a través de su Palabra. No se sienta limitado por lo que está escrito en la página; el Señor está dispuesto a escuchar sus necesidades y alabanzas en sus propias palabras también.

Me siento animado como padre cuando veo a Dios responder a las oraciones de otros hombres que conozco. En el libro se incluyen varias oraciones e historias que muestran cómo han orado otros hombres y han visto a Dios responder en la vida de sus hijas.

Prepárese para ser cambiado a medida que se compromete y se dedica a orar por su hija. Dios le dará mayor fuerza y sabiduría en su paternidad. Su fe será estirada mientras espera en Él para que trabaje en ella. Usted se descubrirá dejando ir sus propias expectativas y le pedirá a Dios que le muestre cuales son *sus* prioridades. Se volverá un padre más fuerte a medida que experimente la influencia de Dios en su propia vida. ¡Comenzará a soltar sus sueños y esperanzas para su hija a medida que caiga en cuenta de que Dios tiene planes en mente para ella desde la creación del mundo! Encontrará más gracia para sus errores. Más paciencia para esperar que madure. Más valentía para saber que Dios pasará por cada desafío a su lado. Más deleite en su individualidad. Y más gratitud conforme ve que ella es en verdad un regalo de Dios solo para usted.

Es un privilegio compartir este libro de oraciones con usted. Que sea bendecido como padre mientras trae las necesidades de su hija delante del Señor.

Le pido a Dios que usted encuentre en Él un ayudador y un amigo que nunca había conocido a plenitud. Dios lo bendiga a usted y a su familia.

Rob

UNAS PALABRAS
de JOANNA

Estoy muy agradecida de tener un esposo que ora. Saber que con fidelidad trae nuestras necesidades a Dios me da seguridad y me hace sentir amada. Me reconforta que no andamos solos esta jornada de la paternidad. La carga de la responsabilidad por nuestros hijos se puede sentir demasiado pesada para llevarla por nuestra cuenta.

Lo que he notado al orar a lo largo de los años es que Dios hace una gran obra en cambiarme a *mí* tanto como cuidar de mis hijas. Sé que muchas de nosotras las mamás tendemos a preocuparnos. Nos afectan sus calificaciones o notas escolares, su salud, sus modales, sus hábitos organizativos y sus vidas sociales. Nuestras emociones se encrespan por sus debilidades y puede ser difícil celebrar sus éxitos cuando tantos temores corren de manera constante por nuestra mente. Cuando Rob y yo oramos por nuestras hijas me calmo. Pongo todas mis preocupaciones en el regazo de Dios y puedo dejarlas ir.

Mis hijas también saben cómo oprimir mis botones. ¡Saben que si me ponen los ojos en blanco cuando hablo es probable que me hagan perder el control! Es realmente difícil ver a nuestras hijas luchar con malas actitudes.

De nuevo, cuando me siento tentada a enojarme por sus decisiones, la oración me permite soltarlas al control de Dios. Me da paciencia y comprensión. Puedo ver el panorama completo en lugar de fijarme en asuntos menores. Me recuerda las muchas, muchas cosas que disfruto de mis hijas y el privilegio que es ser su madre. El Señor vuelve a encender mi gozo y me llena de esperanza por el futuro. Básicamente, Dios me hace una mejor madre cuando oro.

La oración también remueve mucha tensión de nuestro matrimonio. Si recurro a Rob para que "arregle" a nuestras hijas cuando cometen errores, comienza a sentirse presionado (está bien, importunado) acerca de cómo debería manejar las cosas. Cuando oramos y confiamos en el Señor por sabiduría y ayuda para criar a nuestras hijas, entonces puedo relajarme y agradecer que Rob las criará a la manera de Dios en lugar de a la mía.

Vemos a Dios moverse a través de nuestras oraciones para cambiar la vida de nuestras hijas; las hemos visto crecer en confianza, descubrir sus talentos y pasiones y venir a conocer al Señor como su Salvador. Estamos en las trincheras al igual que usted, criando a nuestras hijas de la mejor forma que podemos y orando que Dios nos abrace a cada uno de nosotros. Mi esperanza es que usted encuentre que Él es todo lo que necesita a medida que cría a su hija. Descubra lo cerca que está de usted. Él quiere bendecirlos a ambos conforme recurran a Él.

Joanna

1

CUANDO NECESITE LA SALVACIÓN DE DIOS

Le dijo Jesús: Yo soy la resurrección y la vida; el que cree en mí, aunque esté muerto, vivirá. Y todo aquel que vive y cree en mí, no morirá eternamente. ¿Crees esto? Le dijo: Sí, Señor; yo he creído que tú eres el Cristo, el Hijo de Dios, que has venido al mundo.

Juan 11:25-27

Mirad que no menospreciéis a uno de estos pequeños; porque os digo que sus ángeles en los cielos ven siempre el rostro de mi Padre que está en los cielos. Porque el Hijo del Hombre ha venido para salvar lo que se había perdido. ¿Qué os parece? Si un hombre tiene cien ovejas, y se descarría una de ellas, ¿no deja las noventa y nueve y va por los montes a buscar la que se había descarriado? Y si acontece que la encuentra, de cierto os digo que se regocija más por aquélla, que por las noventa y nueve que no se descarriaron. Así, no es la voluntad de vuestro Padre que está en los cielos, que se pierda uno de estos pequeños.

Mateo 18:10-14

AMOROSO DIOS:
Gracias por mi hermosa hija. Sé que es tu creación, planeada desde antes del inicio del tiempo. Conoces cada pequeño detalle acerca de su vida. La aprecias y deseas su salvación para que pueda vivir en ti y pasar la eternidad en tu presencia.

Revélate a mi hija. Trabaja en su corazón para que pueda

responder a tu amor. Dale una fe inconmovible en Jesús, que ella crea que Él es tu Hijo enviado a buscar y salvar a los perdidos.

Sin tu salvación ella no tiene futuro ni esperanza. No podrá comprender la verdad de tu Palabra, la cual dirige nuestros pasos y nos enseña cómo vivir. No recibirá el don de tu Espíritu, quien trae consuelo sabiduría y ayuda a medida que nos abrimos paso por este mundo confuso.

Reclama a mi hija como tuya. Escribe su nombre en tus manos. Pon tu sello en ella y escribe su nombre en el Libro de la Vida. Dale vida eterna para que nadie la arrebate de tu mano.

Gracias que mi hija y yo podremos crecer juntos en fe. Pon palabras en mi boca que expliquen tu mensaje de salvación con claridad en términos que ella pueda entender. Úsame como tu mensajero de esperanza a medida que le comparta las historias de mi propia fe y viva para ti todos los días. Ayúdame a permanecer en ti y vivir de manera fiel para que ella vea tu poder en mí.

Confío, Señor, en que trabajarás en el corazón de mi hija y que la traerás a que crea y confíe en ti por completo. Gracias por el futuro que podemos esperar: disfrutar juntos tu gloriosa presencia, para siempre. Amén.

2

CUANDO SEA MI TESORO

He aquí, herencia de Jehová son los hijos; cosa de estima el fruto del vientre.

Salmos 127:3

Grande es Jehová, y digno de suprema alabanza; Y su grandeza es inescrutable. Generación a generación celebrará tus obras, y anunciará tus poderosos hechos. En la hermosura de la gloria de tu magnificencia, y en tus hechos maravillosos meditaré. Del poder de tus hechos estupendos hablarán los hombres, y yo publicaré tu grandeza. Proclamarán la memoria de tu inmensa bondad, y cantarán tu justicia.

Salmos 145:3-7

Toda buena dádiva y todo don perfecto desciende de lo alto, del Padre de las luces, en el cual no hay mudanza, ni sombra de variación.

Santiago 1:17

S EÑOR:
      Tú hiciste un "poderoso hecho" cuando creaste a mi hija. Ellas ha sido una "buena dádiva y un don perfecto", un mayor tesoro del que me podría haber imaginado. Gracias por amarme tanto que me bendijiste con esta preciosa niña.

Mi hija es el regalo más asombroso que me podría imaginar que me has dado.

Ser su padre ha sido una experiencia que me ha cambiado; una experiencia de transformación *personal*. Ella ha traído amor y humor, creatividad y gozo a nuestra casa. Criarla me ha enseñado tanto acerca de mí mismo e incluso más acerca de ti, mi Padre celestial.

Que nunca dé mi hija por sentada. No quiero perder de vista el regalo que es cuando guiarla o corregirla se convierta en un desafío. Sé que fue creada por ti y escogida en especial para ser mi propia hija. Tú tienes propósitos que yo apenas he comenzado a vislumbrar.

Abre mis ojos para ver la obra única de tus manos en su mente y personalidad. Úsame para hacer salir su seguridad y gozo. Enseña a mi corazón a valorarla. Guárdame del egoísmo para que no quede envuelto en mis propios intereses y malgaste el tiempo que nos has dado para estar juntos.

Ayúdame a valorar a mi hija de la misma manera en que te dedicas a mí. Que yo imite tu fidelidad, sabiduría y amor incondicional.

Lléname de tu compasión y comprensión. Que nunca deje de alabar tu nombre por el regalo de hija. Amén.

———

3

———

CUANDO SE SIENTA INFERIOR

Porque tú formaste mis entrañas; tú me hiciste en el vientre de mi madre. Te alabaré; porque formidables, maravillosas son tus obras; estoy maravillado, y mi alma lo sabe muy bien. No fue encubierto de ti mi cuerpo, bien que en oculto fui formado, y entretejido en lo más profundo de la tierra. Mi embrión vieron tus ojos, y en tu libro estaban escritas todas aquellas cosas que fueron luego formadas, sin faltar una de ellas.

Salmos 139:13-16

Jehová está en medio de ti, poderoso, él salvará; se gozará sobre ti con alegría, callará de amor, se regocijará sobre ti con cánticos.

Sofonías 3:17

SEÑOR:

Tú sabes que mi hija batalla con la inseguridad con respecto a su cuerpo físico. El mundo llena sus ojos con tantos ideales falsos —piel, cabello, peso, moda sin defectos— que es imposible para las niñas vivir conforme a ellos. Ella ve a las jovencitas de la televisión y las imágenes en línea y se pregunta: *¿Qué me pasa, por qué no me veo así?* Algunas veces la pregunta puede sacudirla hasta la médula.

Te pido que la verdad de tu Palabra traiga descanso a sus inseguridades. Ayúdala a creer cuando dices que ella es una obra maravillosa y que su cuerpo es un don maravilloso. Ayúdala a ver que su existencia no es un accidente porque la tuviste en el centro de tu mente todo el tiempo. Que tu profundo amor y devoción sea un consuelo cuando sea criticada por otras voces que le dicen: "No eres suficientemente buena".

Como padre, dame sabiduría con mis palabras. Úsame para edificarla y afirmar la hermosa creación que ella es en verdad. Guarda mi boca de decir cualquier crítica que pudiera alimentar la duda en sí misma que ya siente. Que experimente tu amor a través de mí a medida que aprecio su belleza interna y externa.

Tú dices que el perfecto amor echa fuera el temor; que tu gran amor traiga paz a su corazón. Que descubra tu maravillosa gracia y aceptación. Que te adoremos al regocijarte sobre nosotros. Amén.

4

CUANDO CODICIE *tener más*

¿De dónde vienen las guerras y los pleitos entre vosotros? ¿No es de vuestras pasiones, las cuales combaten en vuestros miembros? Codiciáis, y no tenéis; matáis y ardéis de envidia, y no podéis alcanzar; combatís y lucháis, pero no tenéis lo que deseáis, porque no pedís. Pedís, y no recibís, porque pedís mal, para gastar en vuestros deleites.

Santiago 4:1-3

PADRE DIOS:
        Conoces nuestros corazones, ¡queremos lo que queremos y lo queremos ahora! Esto provoca muchos conflictos en nuestra casa cuando nuestros hijos compiten por posesiones, por ser los primeros o por la atención que desean. Todos quieren ser escuchados primero, tener más *cosas* y sentir que están sobre los demás.

Te pido que suavices el corazón de mi hija. Calma su pasión por ser la primera y por tener lo que se le antoja en el momento. Dale la humildad de poner a los demás primero en lugar de a ella misma. Dale paciencia mientras espera respuestas mías y tuyas cuando hace una petición.

Por favor, trae paz a nuestro hogar. Que tengamos un hogar amoroso, dador, generoso libre de peleas y discusiones egoístas. Enséñanos a valorarnos unos a otros sobre las cosas materiales. Guárdanos de "asesinarnos" con palabras o comportamientos llenos de odio cuando sentimos que nos han defraudado al darnos menos de lo que merecemos.

Enséñanos la diferencia entre las necesidades reales y los antojos de la carne. Que nos volvamos cada vez más personas de oración, y que traigamos nuestros sueños y deseos a ti. Haznos pacientes y agradecidos a medida que esperamos en ti para recibir lo que es mejor para cada uno de nosotros.

Úsame como una voz de gratitud en nuestra casa. Guárdame de criticar y quejarme. Gobierna mi corazón para que pueda vivir un ejemplo de contentamiento delante de los ojos de mi hija.

Gracias por ser nuestra fuente de cada cosa buena. Que podamos contar nuestras bendiciones y vivir en paz unos con otros. Amén.

5

CUANDO TENGA MIEDO

Jehová es mi luz y mi salvación; ¿de quién temeré? Jehová es la fortaleza de mi vida; ¿de quién he de atemorizarme? [...] Porque él me esconderá en su tabernáculo en el día del mal; me ocultará en lo reservado de su morada; sobre una roca me pondrá en alto [...] Busqué a Jehová, y él me oyó, y me libró de todos mis temores [...] Este pobre clamó, y le oyó Jehová,

y lo libró de todas sus angustias [...] Gustad, y ved que es
bueno Jehová; dichoso el hombre que confía en él.

Salmos 27:1, 5; 34:4, 6, 8

PADRE:
   Una niña tiene tantas cosas a las cuales tener miedo: los
extraños, la oscuridad, perderse, ser avergonzada o fracasar en la
escuela, rechazo por sus amigos y la desaprobación de sus padres.
Algunos niños incluso tienen que temer violencia, hambre y estar
solos en el mundo.

   Por favor, consuela a mi hija con tu poder y fuerza. Ayúdala a
creer en verdad en tus promesas de protección y cuidado. Dale la
fe para saber que escuchas sus oraciones y que estás en espera de
consolarla de todos sus temores. Que confiar en ti le dé la confianza
de enfrentar a cada persona y situación que se presente.

   Como su padre, que yo nunca sea una fuente de temor para
ella. Guárdame del enojo fuera de control que podría destruir su
confianza en mí. Que sea un fuerte protector de su cuerpo, su mente
y sus emociones. Que yo sea gentil y amable por tu Espíritu. Dame
la sabiduría de cuándo establecer límites para su seguridad. Dame la
valentía para decir no a personas o experiencias que podrían ponerla
en peligro, incluso si ella no está de acuerdo o no lo entiende.

   Algunas veces ella es tímida o temerosa de nuevas oportunidades. Ayúdala a tomar el desafío de intentar cosas nuevas incluso
aunque se sienta incómoda al principio. Guárdala de que el temor
tome control de sus decisiones. Danos a ambos la sabiduría de
saber si sus dudas están simplemente basadas en emociones o si son
amenazas reales a su bienestar.

   Gracias por ser nuestra fortaleza y refugio. ¡Eres nuestro héroe!
Amén.

Una historia de oración

Crecí en un hogar cristiano, y por eso estoy eternamente agradecido. Mi abuelo Fred era un increíble hombre de Dios quien servía como pastor en Jacksonville, Florida. Como cristianos, mi mamá y mi papá, ambos habían orado por mí y conmigo toda mi vida. Cuando fui un adolescente bastante perdido, Dios respondió sus incontables oraciones por mi salvación y más. Jesús me salvó y me hizo una invitación única que todavía estoy viendo desplegarse. Me llamó a sí mismo y al ministerio vocacional siendo un joven de dieciséis años.

Cuando veo hacia atrás, puedo ver la mano soberana de Dios guiándome en cada paso del camino. Hoy, soy papá de una pequeña niña, Tovah (tres) y un pequeño niño, Jude (veinte meses), y tengo el mayor privilegio de ayudar a mi esposa Jana con la cena, los baños, el tiempo de contar historias, canciones, oraciones y el tiempo de acostarlos. Digo que es un privilegio porque de manera genuina creo que acurrucarnos junto a la chimenea, hablar de gatitos y trazar cuadros y círculos en un libro de actividades es trabajo santo. Dios prefiere ser llamado Abba (Papito) por sus hijos (Gálatas 4:6; Romanos 8:15), así que es algo que se desprende de mi relación con Él y de lo que mis hijos se benefician de manera directa. Cuando acuesto todas las noches a Tovah, oro por varias cosas como por su salud, que Dios la salve desde temprano, que pase su vida entera sabiendo que Jesús la ama y que comparta su amor con otros.

Cada noche, escojo y oro por una década diferente de la vida de mi hija, hasta llegar a los cien años. Por ejemplo, oré por que en el grupo de preescolar de Tovah, el próximo año, otra niña que ame a Jesús se haga su amiga. Estoy orando para que en sus años de escuela primaria Dios le dé un buen corazón como el de Jesús para todos los niños de todas las razas y circunstancias socioeconómicas y para los que tienen desafíos físicos, y que no caiga en una mentalidad estrecha. Otras noches, oro por sus años de adolescencia. Oro que Dios la use como un ejemplo de lo que significa tener un carácter que dado por Jesús y no solo seguir lo que la masa diga que es sensacional. Le pido a Dios que le dé un amor profundo por la verdad durante la escuela media-superior y que camine en la luz como Él está en la luz. Oro por sus primeros años de universidad para que no solo tenga un buen corazón y un carácter cristiano sólido dado por el Espíritu Santo, sino que también tenga una mente increíblemente aguda que pueda defender de manera razonable su fe y compartirla con eficacia en el ambiente universitario, con la esperanza de que más personas tengan un encuentro con el Jesús que ella ama y adora.

Tengo sueños y metas para mis hijos y quiero proveer-les la mejor vida posible desde la casa, la escuela, con quien van a salir y casarse, así como sus carreras. No obstante, mis oraciones no son solo un medio para obtener lo que deseo. Al final, mis oraciones por Tovah son un acto de adoración mientras la pongo de vuelta en manos de nuestro gran Dios quien la ama más de lo que yo lo haré jamás, tiene planes más grandes de lo que podría imaginar y cuidará de ella mucho después de que yo esté en la gloria. Yo seré su papá solo por unos días. Dios es y siempre será nuestro Padre celestial por los siglos de los siglos. Por lo tanto, le hablo con frecuencia acerca de su (mi) pequeñita, Tovah Kate.

Alex Early, *pastor de predicación y teología, Living Stones Church, Reno, Nevada*

6

CUANDO TENGA SED DE DIOS

Como el ciervo brama por las corrientes de las aguas, así clama por ti, oh Dios, el alma mía. Mi alma tiene sed de Dios, del Dios vivo; ¿cuándo vendré, y me presentaré delante de Dios?

Salmos 42:1-2

Respondió Jesús y le dijo: Cualquiera que bebiere de esta agua, volverá a tener sed; mas el que bebiere del agua que yo le daré, no tendrá sed jamás; sino que el agua que yo le daré será en él una fuente de agua que salte para vida eterna.

Juan 4:13-14

SEÑOR:

Todos nacemos con sed. Nuestro corazón está seco y sin vida y nunca nos sentimos satisfechos. Cavamos nuestros propios pozos en búsqueda de agua —cosas materiales, una apariencia perfecta, éxito en la escuela o en el trabajo— y nuestra sed solo se intensifica.

Por favor, crea en mi hija un deseo por ti y solo por ti. Enséñale que solo puede encontrar satisfacción en ti. Ayúdala a encontrarte, a conocerte personalmente y a caminar contigo todos los días de su vida.

Permítele a mi hija experimentar tu agua viva. Dale una probada de lo maravilloso que eres para que recurra a ti una y otra vez.

Ayúdala a buscarte con todo su corazón y a descubrir que la respuesta a todos sus anhelos reposa solo en ti.

Que yo también tenga un profundo anhelo por ti. No permitas que ignore mi sed cuando me haya vuelto distante de ti por el tiempo que sea. Guárdame de ir de vuelta a los viejos pozos que hice ante de saber que *Tú* eres la vida que yo buscaba. Que ame tu Palabra y nunca termine el día sin haberme conectado contigo en oración. Guárdanos de acaparar tu agua para nosotros mismos. Que libremente compartamos la esperanza que hemos encontrado en tu evangelio. Úsanos como los portadores de tu mensaje al mundo. Gracias por tu salvación. Te alabo por la vida eterna que tenemos en ti. Amén.

7

CUANDO NECESITE PAZ

¡Mirad cuán bueno y cuán delicioso es habitar los hermanos juntos en armonía!

Salmos 133:1

Finalmente, sed todos de un mismo sentir, compasivos, amándoos fraternalmente, misericordiosos, amigables; no devolviendo mal por mal, ni maldición por maldición, sino por el contrario, bendiciendo, sabiendo que fuisteis llamados para que heredaseis bendición.

1 Pedro 3:8-9

Bienaventurados los pacificadores, porque ellos serán llamados hijos de Dios.

Mateo 5:9

PADRE:
¡Tú sabes cómo pueden ser las niñas! Discuten, chismean, tienen sus favoritas y se dividen en grupos a los que un día te dejan entrar y al siguiente te dejan fuera.

Te pido que mi hija pueda levantarse por encima de la multitud y ser una pacificadora. Por favor, mantén sus palabras libres de chisme o de criticar a los demás. Permítele ser una líder por medio de establecer un ejemplo de amabilidad y humildad. Que establezca un estándar de amistad y aceptación en su escuela y en su círculo de amigas.

Dale a mi hija el valor de acercarse a los niños que han sido insultados o hechos a un lado. Ayúdala a alentar a cualquiera a su alrededor que se sienta sola o insegura. Dale la sabiduría de saber cómo manejar las discusiones sin importancia y los chismes en los que se encuentre.

Que mi hija sea lenta para ofenderse y rápida para perdonar. Llénala de un espíritu generoso que se rehúse a guardar rencor. En lo que dependa de ella, que viva en paz con todos (Romanos 12:18).

Por mi parte, ayúdame a establecer un ejemplo de pacificación por la manera en que interactúo con las personas. Que de manera consistente busque la unidad con mi cónyuge, mis hijos, mis compañeros de trabajo, mi iglesia y mis parientes. No permitas que mi orgullo evite que me lleve bien con los demás. Guarda mis palabras de cualquier calumnia que pueda herir a otros y ponerle un mal ejemplo a mi hija.

Gracias por enviar a Jesús a hacer las paces entre nosotros y Dios. Que esa paz fluya a través de nosotros a todos los que conocemos. Amén.

8

CUANDO ESTÉ ENOJADA

Como ciudad derribada y sin muro es el hombre cuyo espíritu no tiene rienda.

Proverbios 25:28

El que ahorra sus palabras tiene sabiduría; de espíritu prudente
es el hombre entendido.

Proverbios 17:27

Airaos, pero no pequéis; no se ponga el sol sobre vuestro
enojo [...] Quítense de vosotros toda amargura, enojo, ira,
gritería y maledicencia, y toda malicia.

Efesios 4:26, 31

Mas tú, Señor, Dios misericordioso y clemente, lento para la
ira, y grande en misericordia y verdad.

Salmos 86:15

SEÑOR:
¡Tú sabes cómo en nuestras debilidades podemos enfadar-
nos! Tenemos esos días en los que todo parece ir mal y es fácil
desquitar nuestra frustración unos con otros. Has sido testigo de las
feas palabras y comportamiento que mi hija y yo hemos mostrado
cuando dejamos salir nuestro enojo en el calor del momento.

No obstante, nos desafías a no ser controlados por nuestras
emociones. No tenemos una excusa que pueda cubrir las palabras
ásperas y enojadas que decimos. Por favor, enséñanos por tu Espíritu a tener dominio propio, a mantener nuestro estado de ánimo
bajo supervisión y estar llenos de misericordia en lugar de ira.

Examina mi corazón y muéstrame la raíz de mi enojo. Límpiame
del egoísmo y del orgullo que me llevan a exigir hacer las cosas a
mi manera. Rompe todo modelo generacional de ira y abuso; Tú
me haces una nueva creación y eres mi verdadero Padre.

Si he fallado en instruir de manera correcta a mi hija, por favor,
perdóname. Dame sabiduría para saber cómo guiarla a ser paciente
y que pueda expresar sus pensamientos y emociones de una manera
respetuosa. Ayúdala cuando se sienta tentada a ser vencida por sentimientos que se levantan con mucha rapidez y que llevan al pecado.

Tú sabes lo que más frustra a mi hija, y conoces la raíz de su enojo.
Si ella está reaccionando a que las cosas no se hagan a su manera, dale
humildad y un corazón de obediencia. Si otros la están provocando

con insultos y falta de respeto, que encuentre valor en ti para que su imagen de sí misma no sea sacudida. Si la fatiga o el estrés están afectando su habilidad de hacerle frente a la vida, ayúdala a encontrar descanso para que tenga la fuerza de enfrentar el día. Suaviza su corazón para que pueda responderles a las personas y situaciones desafiantes con compasión en lugar de con represalias.

Haz de nuestro hogar un refugio donde cada uno de nosotros esté seguro en lo emocional y en lo físico. Danos la humildad de pedir perdón cuando nos lastimemos unos a otros. Que tengamos la sabiduría de "tomarnos un tiempo" si necesitamos permitir que se nos baje el enojo. Pon personas en nuestra vida que nos den una perspectiva correcta cuando nos sintamos tentados a reaccionar de manera exagerada. Permítenos amarnos unos a otros tanto que nunca terminemos el día sin hacer las paces entre nosotros.

Gracias por tu misericordia y gracia. Nosotros fallamos cada día, pero tú nunca te das por vencido con nosotros ni "explotas" contra nosotros. Que yo sea como Tú: amoroso, paciente, con dominio propio y lleno de amor por mi hija. Amén.

9

CUANDO SU VIDA
SEA APARTADA

No os unáis en yugo desigual con los incrédulos; porque ¿qué compañerismo tiene la justicia con la injusticia? ¿Y qué comunión la luz con las tinieblas? ¿Y qué concordia Cristo con Belial? ¿O qué parte el creyente con el incrédulo? ¿Y qué acuerdo hay entre el templo de Dios y los ídolos? Porque vosotros sois el templo del Dios viviente, como Dios dijo: Habitaré y andaré entre ellos, y seré su Dios, y ellos serán mi pueblo. Por lo cual, salid de en medio de ellos, y apartaos, dice el Señor, y no toquéis lo inmundo; y yo os recibiré, y seré para vosotros por Padre, y vosotros me seréis hijos e hijas, dice el Señor Todopoderoso.

2 Corintios 6:14-18

DIOS TODOPODEROSO: Gracias por hacernos tuyos. Nos has traído a la luz y nos has hecho tu templo. Te llamas a ti mismo nuestro Padre y nos das la bienvenida a una vida contigo. Vives con nosotros, caminas con nosotros y nos prometes una herencia como tus hijos.

Esas son verdades asombrosas, pero de alguna manera todavía es fácil acomodarnos al mundo a nuestro alrededor. Nos olvidamos de que hemos sido apartados. Modelamos nuestros pensamientos y comportamientos conforme a las personas a nuestro alrededor en lugar de conforme a Cristo. Recuérdanos que por tu poder tenemos todo lo que necesitamos para la vida y la piedad (2 Pedro 1:3).

¡Guárdanos de amar lo que el mundo ama! Ayuda a mi hija a escapar de las trampas de perseguir el dinero y la popularidad. Dale un deseo de agradarte con modestia y humildad. Hazla valiente para que pueda resistir la tentación y defender lo que es correcto.

Protege a mi hija de los que la puedan separar de ti. Guárdala del desánimo cuando sea criticada por incrédulos que no entienden sus creencias o elecciones. Tráele amigos que se hayan comprometido a seguirte. Rodéala con creyentes que puedan alentarla a permanecer fiel. Protege su corazón, para que guarde su amor para un marido que viva por completo para ti.

Dale a mi hija amabilidad y compasión por los que todavía no te conocen. Que vean tu luz en ella y que sean atraídos para descubrir quién eres.

Gracias por ser nuestro amoroso Padre. Amén.

Su relación con su papá

¡Uno de los mejores aspectos de la paternidad es ser el hombre más importante para mi hija! He conocido a muchos papás a lo largo de los años que son completamente ignorantes de cuánto sus hijas realmente los necesitan y desean tener una relación cercana con ellos. Kevin Leman lo dice bien en su libro *What a Difference a Daddy Makes* [Qué diferencia hace un papá]:

La relación de una mujer con su padre, más que cualquier otra relación, va a afectar su relación con todos los demás hombres en su vida: sus jefes, sus compañeros de trabajo, subordinados, hijos, maridos, hermanos, pastores, profesores universitarios e incluso estrellas de cine.

No hay una sola relación que no esté indeleblemente marcada —para bien o para mal— por el hombre conocido como papá.[2]

He conocido a otros papás que han comprendido lo importante que es para su hija tener una relación fuerte con ellos, pero no saben por dónde comenzar. Allí me encontraba cuando tuvimos a nuestra primera hija. Estaba completamente cautivado por ella y quería ser el mejor papá que pudiera ser. Había leído y escuchado lo importante que nuestra relación sería para el crecimiento y desarrollo de mi hija, pero después de crecer en un hogar con puros hombres, no tenía idea de por dónde comenzar.

Si se encuentra en alguna de esas trincheras, déjeme comenzar por decir que casi cada papá ha estado allí en algún punto. Simplemente no queremos rendirnos antes de comenzar a trabajar en una conexión más cercana con nuestras hijas.

Recuerdo que un día estaba hablando con un papá cuando el tema cambió a un libro que mi esposa y yo estábamos escribiendo en esa época, *88 Great Daddy-Daughter Dates* [88 fabulosas citas papá e hija], Él tenía un varón y una hembra. Me dijo que sabía que debería estar haciendo más para desarrollar una relación con su hija, pero que le era difícil saber cómo. Describió lo fácil que le era conectarse son su hijo; luchaban en el suelo unos minutos o salían a jugar a la pelota, y las necesidades de relación del niño estaban siendo satisfechas de una manera básica. No obstante, con su hija era un poco más difícil. Lo alenté a que nunca era demasiado tarde para comenzar. Aunque mi hija es pequeña, todavía tiene mucho tiempo para pasarlo conmigo. No cree ser demasiado genial como para no querer ser vista en público conmigo. Hay mucha diversión, maneras sencillas de pasar el tiempo juntos y generar recuerdos. Y cuando hacemos que esos momentos sucedan una y otra vez mientras es pequeña, desarrollamos un vínculo que durará para cuando sea mayor y sus necesidades sean más complejas.

Si su hija es mayor y usted no ha podido cultivar esa relación cercana a lo largo de los años, anímese. No importa lo distante que ella se sienta o lo poco que se entiendan uno al otro, usted todavía es el hombre más importante de su vida. No caiga en la creencia de que es demasiado tarde para usted. Examine su historia para ver en qué la ha decepcionado, y encuentre la humildad para ir con ella y pedirle perdón. No importa cómo responda, ella siempre recordará sus palabras y su disposición para responsabilizarse por sus acciones como padre. Si ella no parece dispuesta a pasar tiempo con usted, encuentre otras maneras para expresar interés en su vida. Deje una tarjeta graciosa en su tocador. Deslice una tarjeta de regalo en el bolsillo de su abrigo. Encuentre maneras consideradas de servirla como lavar su coche o poner a cargar su teléfono. Hable con sus amigos acerca de lo orgulloso que está de ella cuando sepa que ella podría escucharlo. Y, sobre todo, levántela en oración todos los días. Pídale a Dios iluminación sobre cómo ganar su corazón.

Quizá usted tenga una relación maravillosa con su hija.

Ella comparte esperanzas y sueños con usted, corre a recibirlo cuando llega a casa del trabajo y le da más abrazos y besos de los que puede contar. ¡Eso es maravilloso! Pero sea que tenga una relación fantástica con su hija o sea una obra en progreso, puede confiarle todo a nuestro Padre perfecto. Él nos ama fiel e incondicionalmente y es un Dios de segundas (y terceras y noningentésimas) oportunidades.

Experimente el poder de Dios en su relación con su hija a través de la oración. Recurra a Él por todo —su comunicación, su tiempo juntos, resolver conflictos, maneras de edificarla— y sobre todo, alábelo por bendecirlo con el regalo que es su hija. Él quiere expresar su amor y cuidado por ella a través de usted, así que invítelo y vea lo que hará.

10

CUANDO SEA RECHAZADA

Oísteis que fue dicho: Amarás a tu prójimo, y aborrecerás a tu enemigo. Pero yo os digo: Amad a vuestros enemigos, bendecid a los que os maldicen, haced bien a los que os aborrecen, y orad por los que os ultrajan y os persiguen; para que seáis hijos de vuestro Padre que está en los cielos, que hace salir su sol sobre malos y buenos, y que hace llover sobre justos e injustos. Porque si amáis a los que os aman, ¿qué recompensa tendréis? ¿No hacen también lo mismo los publicanos? Y si saludáis a vuestros hermanos solamente, ¿qué hacéis de más? ¿No hacen también así los gentiles? Sed, pues, vosotros perfectos, como vuestro Padre que está en los cielos es perfecto.

Mateo 5:43-48

SEÑOR DIOS:

Tú sabes lo que se siente ser herido y rechazado. Conoces el dolor de ser ignorado, ridiculizado y herido en las maneras más horrorosas. Leemos la historia de la traición y muerte de Jesús y nos dolemos de las injusticias que sufrió.

A causa de ello, me consuelo con saber que te puedes identificar con el sufrimiento de mi hija a manos de otros. Ella quizá experimente las mentiras y chismes de sus compañeras de la escuela. Quizá sea rechazada por el grupo de niñas al que más quiere pertenecer. Una amiga la puede mal entender y reaccionar con enojo y que mi hija se encuentre sola. Quizá tenga que ver cómo una recompensa que le pertenece legítimamente le sea dada a alguien más. La gente descuidará sus cosas a veces por medio de dañarlas o perderlas.

Parece demasiado difícil obedecer cuando dices: "Amad a vuestros enemigos [...] y orad por los que os [...] persiguen". Pero quiero ser tu hijo, y anhelo que mi hija sea tu hija. Dale la fuerza de poner a un lado sus deseos egoístas y dales gracia a todos en su vida.

Haz tu obra perfeccionadora en su corazón. Guárdala de llevar la cuenta de cada ofensa que sufra. No permitas que su mente se concentre en las feas palabras de los demás, imaginándose el comentario sarcástico perfecto que podría haber respondido en el momento. Dale la fuerza para perdonar sea que la otra persona muestre arrepentimiento o no.

Guarda mi corazón para que nunca rechace a mi hija por medio de mis palabras o acciones. Es imposible para ella ser perfecta y quiero que se acepte como es. Ella no siempre vivirá a la altura de mis expectativas, pero nunca quiero que tenga que ganarse mi amor. Que yo le extienda gracia, al igual que Tú me la extiendes a mí, cuando batalle o falle en alguna manera. Usa mi fidelidad para darle un atisbo de lo perfecta y verdaderamente dedicado que estás a ella.

Llénanos con compasión por todos. Muéstranos como abrirnos

a los demás, sin importar lo poco amables o agradables sean. Y de esta manera, que seamos tu luz en el mundo.
Amén.

11

CUANDO ENCUENTRE SU TESORO

No os hagáis tesoros en la tierra, donde la polilla y el orín corrompen, y donde ladrones minan y hurtan; sino haceos tesoros en el cielo, donde ni la polilla ni el orín corrompen, y donde ladrones no minan ni hurtan. Porque donde esté vuestro tesoro, allí estará también vuestro corazón. La lámpara del cuerpo es el ojo; así que, si tu ojo es bueno, todo tu cuerpo estará lleno de luz; pero si tu ojo es maligno, todo tu cuerpo estará en tinieblas. Así que, si la luz que en ti hay es tinieblas, ¿cuántas no serán las mismas tinieblas? Ninguno puede servir a dos señores; porque o aborrecerá al uno y amará al otro, o estimará al uno y menospreciará al otro. No podéis servir a Dios y a las riquezas.

Mateo 6:19-24

PADRE CELESTIAL:
¡Este mundo está lleno de cosas maravillosas! Y todos los anuncios, centros comerciales y catálogos hacen parecer que todo lo que vemos debería ser nuestro. Por favor, guarda nuestro corazón de amar los tesoros de este mundo. Guárdanos de codiciar lo último en tecnología, cada moda actual en los aparadores, el último modelo de coche en la distribuidora y la casa de nuestro vecino que por fuera siempre se ve mucho mejor que la nuestra.

Guarda nuestra mente del orgullo que nos hace sentir con derecho a tener lo que sea que queramos. Si nos ganamos una recompensa o somos bendecidos con mayores ingresos y responsabilidad, que te alabemos por equiparnos con la energía y el talento para lograrlo. Protege a mi hija de encontrar su identidad en las cosas. Guárdala de quedar atrapada en las comparaciones de "quién tiene qué" entre los niños de la escuela. No permitas que su seguridad o su valor propio se base en sus posesiones. Más allá de eso, no le permitas juzgar el valor de otros por lo que tienen o no tienen.

Es tan fácil quedar enfocados en las decepciones por causa de lo que no podemos permitirnos el lujo de adquirir que perdemos el más grande tesoro de todos: ¡Tú! Satisfácenos de tal manera con tu presencia en nuestra vida que nada más se pueda comparar. Ayúdanos a recordar que toda tu obra aquí en la Tierra no se trata de adquirir más *cosas* sino de edificar tu Reino para la eternidad.

Queremos que solo Tú seas nuestro Señor, y no las cosas materiales que vemos con nuestros ojos. Te pido que satisfagas todos nuestros antojos contigo.

Amén.

12

CUANDO PASE POR UNA TORMENTA

Aquel día, cuando llegó la noche, les dijo: Pasemos al otro lado. Y despidiendo a la multitud, le tomaron como estaba, en la barca; y había también con él otras barcas. Pero se levantó una gran tempestad de viento, y echaba las olas en la barca, de tal manera que ya se anegaba. Y él estaba en la popa, durmiendo sobre un cabezal; y le despertaron, y le dijeron: Maestro, ¿no tienes cuidado que perecemos? Y levantándose, reprendió al viento, y dijo al mar: Calla, enmudece. Y cesó el viento, y se hizo grande bonanza. Y les dijo: ¿Por qué estáis así amedrentados? ¿Cómo no tenéis fe? Entonces temieron con gran temor, y se decían el uno al otro: ¿Quién es éste, que aun el viento y el mar le obedecen?

Marcos 4:35-41

DIOS TODOPODEROSO:

Conoces la tormenta que experimenta mi hija. Tiene temores acerca de sus circunstancias de que será abrumada con más de lo que pueda manejar. Se siente sola en su lucha, y algunas veces se pregunta si sus oraciones marcan una diferencia. Algunas veces trata simplemente de poner una cara valiente, como si batallar significara que es débil o un fracaso.

En ocasiones somos como los discípulos y pensamos que estás dormido y que ignoras por lo que pasamos. O viene una tormenta y nos esforzamos por "achicar la barca" y resolver nuestro problema por nosotros mismos. No es sino hasta que agotamos nuestros esfuerzos y que perdemos la esperanza que por fin acudimos a ti por ayuda.

Enséñanos a mi hija y a mí a recurrir a ti en cada lucha. Muéstrale cómo estás cerca y lleno de amor por cada uno de nosotros. Tú eres fuerte y amable; ¡lo suficientemente poderoso para rescatarnos y nos amas lo suficiente para querer hacerlo! Convierte esta dificultad en particular por la que mi hija pasa en una historia de tu bondad en su vida.

Danos fuerza para creer que usas cada dificultad finalmente para nuestro bien. No quieres que solo sobrevivamos; quieres mostrar tu poder y traer perfecta paz. Prometes enseñarnos perseverancia, a crecer en nuestra fe y mostrar tu gloria. Haz que mi hija encuentre gozo, al saber que este dolor temporal profundizará su conocimiento de ti.

Úsame para ayudar y animar a mi preciosa hija. Guarda su corazón de duda. Fortalece su fe de modo que esté más segura de ti que de nada en el mundo. Gracias por tu poder y amor. Amén.

13

CUANDO NECESITE
DECIR LA VERDAD

Mejor es lo poco con justicia que la muchedumbre de frutos sin derecho.

Proverbios 16:8

Ninguna adversidad acontecerá al justo; mas los impíos serán colmados de males. Los labios mentirosos son abominación a Jehová; pero los que hacen verdad son su contentamiento.

Proverbios 12:21-22

No mintáis los unos a los otros, habiéndoos despojado del viejo hombre con sus hechos, y revestido del nuevo, el cual conforme a la imagen del que lo creó se va renovando hasta el conocimiento pleno.

Colosenses 3:9-10

PADRE:
Te pido que guardes la mente, las acciones y las palabras de mi hija de cualquier deshonestidad. De chicos puede ser tentador utilizar mentiras para evitar consecuencias, impresionar a los demás, evitar responsabilidades o incluso hacerles mal a otros.

Te pido que mi hija tenga la valentía de enfrentar las consecuencias de sus decisiones, incluso si son difíciles. Ayúdala a recibir corrección con humildad en lugar de presentar excusas. Dale la valentía de confesar sus errores en lugar de adaptar la verdad para evitar la disciplina.

Por favor, enséñale a mi hija a poner su identidad y reputación en tus manos. Alivia cualquier presión que sienta por adornar sus talentos o logros para impresionar a otros. Dale un corazón amoroso que pueda celebrar los dones y logros de sus hermanos y compañeros de clase, incluso si eso significa que no siempre sea el centro de la atención.

Dale a mi hija un sentido de satisfacción en su trabajo, sean sus deberes escolares, quehaceres domésticos o servir a otros. Guárdala de utilizar el engaño para cubrir cualquier falta de responsabilidad. Si falla en terminar lo que se requiere de ella, que se haga cargo de sus acciones y de su trabajo de todo corazón en el futuro.

Te pido que mi hija nunca mienta acerca de los demás con el fin de dañar sus sentimientos o su reputación. Que sus palabras estén llenas de amabilidad y ánimo para todos en su vida. Guarda sus labios de chismes maliciosos y de todo tipo de insulto o calumnia. Hazla una bendición a medida que ande en honestidad y verdad.

Permíteme como su padre ser un ejemplo de integridad en cada aspecto de mi vida. Guarda mis palabras de exageraciones, excusas falsas, repetir rumores o mentiras descaradas. Que Tú, nuestra Verdad, nos hagas justos por tu Espíritu.

Amén.

14

CUANDO NECESITE SABIDURÍA

Bienaventurado el hombre que halla la sabiduría, y que obtiene la inteligencia; porque su ganancia es mejor que la ganancia de la plata, y sus frutos más que el oro fino. Más preciosa es que las piedras preciosas; y todo lo que puedes desear, no se puede comparar a ella. Largura de días está en su mano derecha; en su izquierda, riquezas y honra. Sus caminos son caminos deleitosos, y todas sus veredas paz. Ella es árbol de vida a los que de ella echan mano, y bienaventurados son los que la retienen.

Proverbios 3:13-18

El principio de la sabiduría es el temor de Jehová; buen entendimiento tienen todos los que practican sus mandamientos; su loor permanece para siempre.

Salmos 111:10

Y si alguno de vosotros tiene falta de sabiduría, pídala a Dios, el cual da a todos abundantemente y sin reproche, y le será dada.

Santiago 1:5

PADRE:

Todos los días enfrentamos todo tipo de elecciones y decisiones. ¿Cómo abordo este proyecto o tarea? ¿Cómo debería invertir mi tiempo libre y manejar mi dinero? ¿Con quién escogeré pasar mi tiempo? ¿Cómo manejaré ese desacuerdo con alguien? ¿Qué metas debería establecer para mi futuro? ¿Cómo debería proteger o disciplinar a mi hija? ¿Cómo manejaré las tentaciones que se me presenten?

Mi hija y yo no tenemos la sabiduría que se requiere para hacer lo correcto en cada situación. Cada vez que tratamos de operar nuestra vida por nuestra cuenta hacemos un desastre. Sin tu sabio consejo y dirección estamos perdidos.

Por favor, dale sabiduría a mi hija. Muéstranos tus sueños para su futuro. Revela tus mejores planes para su tiempo y dinero. Dale perspicacia al escoger a las amigas correctas, la manera de hacer las paces con otros y sus propios errores que necesiten arreglo. Muéstrale cómo resistir la tentación e identificar qué pecados la hacen tropezar.

Dame tu sabiduría acerca de cuándo permitirle libertad y cuando refrenarla. Aconséjame con respecto a cuándo ser firme y cuándo mostrar un poco de gracia. Cuando me sienta tentado a ser demasiado áspero o apático, enséñame los mejores medios para instruir a mi hija. Ínstame a establecer límites cuando su bienestar esté en riesgo.

Enséñale a mi hija que Tú eres su fuente de sabiduría. Que ella incluso aprenda de joven que puede acudir a ti con cualquier pregunta o incertidumbre. Que confíe en ti más que en sus propias opiniones e impulsos. Dale oídos para escuchar tu consejo, que hable con más claridad a su corazón que cualquier otra voz.

Gracias por tu benignidad y compasión delante de nuestra confusión y tonterías. ¡Gracias que no hay "preguntas tontas" cuando te pedimos tu sabiduría! Tu misericordia constante y bondad son un consuelo a medida que enfrentamos las decisiones que se nos presenten. Amén.

15

CUANDO NECESITE VALENTÍA PARA VIVIR PARA DIOS

Mira que te mando que te esfuerces y seas valiente; no temas ni desmayes, porque Jehová tu Dios estará contigo en dondequiera que vayas.

Josué 1:9

De manera que podemos decir confiadamente: El Señor es mi ayudador; no temeré lo que me pueda hacer el hombre.

Hebreos 13:6

Amados, no os sorprendáis del fuego de prueba que os ha sobrevenido, como si alguna cosa extraña os aconteciese, sino gozaos por cuanto sois participantes de los padecimientos de Cristo, para que también en la revelación de su gloria os gocéis con gran alegría. Si sois vituperados por el nombre de Cristo, sois bienaventurados, porque el glorioso Espíritu de Dios reposa sobre vosotros.

1 Pedro 4:12-14

SEÑOR DIOS:

Tú describes a tus hijos como "extranjeros y peregrinos" en el mundo (1 Pedro 2:11) Dices que deberíamos esperar ser mal entendidos, rechazados e incluso maltratados por los que te han rechazado. No obstante, podemos cansarnos de sentirnos como los insectos raros. La gente no comprende por qué no disfrutamos el mismo entretenimiento ni nos unimos en el chisme ni perseguimos las mismas cosas materiales ni luchamos para quedar encima de los demás. Piensan que es ridículo "desperdiciar" tiempo en la iglesia cuando podríamos relajarnos o dormir. Algunas veces somos acusados de pensar de nosotros mismos que somos justos cuando nos exigimos un estándar distinto.

Es difícil para mi hija sentirse diferente de los demás niños en la escuela. Se siente presionada por su modestia, su perspectiva sobre los muchachos y las citas, el tipo de respeto que le muestra a los adultos, su lenguaje, las películas que ve, la música que escucha y cómo trata a los demás chicos.

Algunas veces parece que mi hija se dobla bajo la presión de pertenecer. Dale el poder de "esforzarse y ser valiente". Ayúdala a sostenerse de su identidad como hija de Dios, más que permitir que el mundo defina quién es. Aliéntala cuando experimente crítica; es una señal de que tu Espíritu en verdad vive en su corazón. Haz que encuentre esperanza en la promesa de tu bendición cada vez que sea criticada por vivir para ti.

Úsame como un ejemplo de fidelidad y valentía. Guárdame de entrar en componendas que debiliten mi lealtad a ti. Muéstrame cómo animar a mi hija cuando se sienta cansada o desanimada. Que en nuestra familia de continuo se edifiquen unos a otros. Que nuestra casa le dé un sentido de pertenencia a otros creyentes que pasen por nuestra puerta.

Gracias por nunca dejarnos solos en este mundo donde simplemente no encajamos. Tu esperanza y tu presencia nos ayudan a resistir. Amén.

Una historia de oración

Hace unos años en el evento Men at the Cross [Hombres en la Cruz] en Phoenix, Arizona, conocí a Samuel Rodríguez. Él es el líder de la Asociación Nacional Evangélica Hispana. Desde que era chico su papá oraba todos los días por él. Después de que Samuel compartió su historia conmigo de inmediato implementé la oración de su papá en nuestro hogar. Nunca salgo de casa ni permito que mis hijos se bajen del coche sin orar una versión de esa oración sobre ellos: "Padre, cúbrelos con la sangre de Jesús. Protégelos de todo mal. Cumple tu propósito en su vida".

Mi hija Corynn está convencida de que nunca se va a ir de casa. A los siete, decidió que como mamá y papá la cuidan tan bien que simplemente se quedará.

Pero ella sabe que no se lo permitiré.

Una de las preguntas más difíciles que Corynn me ha hecho es: "Papá, ¿a quién amas más, a mí o a mamá?".

¡Ay! De manera natural, mi primera reacción a una pregunta así es actuar como si no hubiera escuchado la pregunta o entrecerrar los ojos como si no la hubiera entendido. Me tiene completamente embelesado.

"Amo a tu mamá y a ti también —le dije con suavidad—, pero Dios quiere que ame a mami de una manera distinta. Tu mami y yo estamos en una relación de pacto de por vida. Estaremos juntos hasta que uno de nosotros se vaya al cielo o regrese Jesucristo. Pero tú, Corynn, no estarás con nosotros para siempre. Un día dejarás nuestra casa y comenzarás una familia propia".

Corynn es rápida para responder: "Quiero estar contigo y con mami para siempre".

"No puedes estar con nosotros para siempre, Corynn", le digo.

Corynn sabe que ella es la princesa y que su mamá es la reina. Corynn nunca será mi reina, pero le mostraré todos los días cómo se debe tratar a una reina. El día de su boda, ella se convertirá en la reina de otro hombre.

Mientras se forman lágrimas en sus ojos, me ve a los ojos y me dice: "Voy a estudiar la universidad en línea y me quedaré en casa para siempre. No puedes hacer que me vaya". Aunque debo admitir que me gusta como suena eso desde el punto de vista económico, necesito que sepa que la separación de mamá y papá es una señal de salud y madurez. Ella necesitará irse de casa algún día.

Hay un versículo muy importante en la Biblia que le habla a los padres en preparación para el matrimonio de sus hijos: "Por tanto, dejará el hombre a su padre y a su madre, y se unirá a su mujer, y serán una sola carne" (Génesis 2:24). La versión King James en inglés utiliza la palabra "apegarse" para comunicar *unirse*. En otras palabras, el lazo entre el esposo y la esposa es más fuerte que el vínculo entre un padre y su hijo.

Les he enseñado a mis hijos una definición de madurez basada en Génesis 2:24 y es sencilla: "No vas a estar con mamá y papá para siempre, así que tómalo en cuenta al hacer tus planes. Amén".

Desde el tiempo en que Dios habló Génesis 2:24 y a través de los primeros miles de años de la historia humana, los niños crecían, se convertían en adultos y se iban de casa. Comenzar bien el matrimonio requiere dejar la casa. Cortar los hilos.

Ame y honre a sus padres, pero llame menos a casa, compre su propia ropa, resuelva los conflictos en su matrimonio sin la intervención de sus padres, busque la opinión de su cónyuge por encima de la de sus padres y nunca compare a su cónyuge con uno de sus padres.

Me encanta cuando se me acerca una mamá en una boda y me dice: "No siento como si hoy estuviera perdiendo un hijo, sino siento que estoy ganando una hija".

Yo suelo responderle con: "No. Usted está perdiendo un hijo".

Un día, estaré de pie en la puerta de una iglesia con mi princesa. Al frente estarán nuestros familiares y amigos. Caminaremos por el pasillo y se la entregará a un joven, su príncipe. Allí la bendeciré, cortaré los hilos, colocaré sus manos en las de él y diré: "Padre, cubre a estos dos con la sangre de Jesús. Protege su matrimonio y su familia de mal. Y cumple tu propósito en sus vidas".

. . . .

Ted Cunningham, *pastor fundador de la iglesia Woodland Hills Family Church en Branson, Misuri; autor de* Fun Loving You *[Es divertido amarte],* Trophy Child *[Niño trofeo] y* Young and in Love *[Joven y enamorado]; coautor de cuatro libros con el Dr. Gary Smalley.*

16

CUANDO ESTÉ POR CAER EN UNA ADICCIÓN

¿No sabéis que si os sometéis a alguien como esclavos para obedecerle, sois esclavos de aquel a quien obedecéis, sea del pecado para muerte, o sea de la obediencia para justicia? Pero gracias a Dios, que aunque erais esclavos del pecado, habéis obedecido de corazón a aquella forma de doctrina a la cual fuisteis entregados; y libertados del pecado, vinisteis a ser siervos de la justicia.

Romanos 6:16-18

Mis ojos están siempre hacia Jehová, porque él sacará mis pies de la red.

Salmos 25:15

PADRE:
      Hay tantos placeres en este mundo que pueden atrapar a mi hija. En el contexto correcto la comida, el sexo, el dinero, el éxito, las relaciones y el entretenimiento son bendiciones tuyas. No obstante, en nuestra debilidad esas cosas se pueden convertir en adicciones que nos mantengan siendo esclavos de su poder.

Te pido que ninguna de las bendiciones o experiencias de este mundo te reemplacen en la vida de mi hija. Que Tú seas su mayor deleite.

Ayúdala a encontrar su satisfacción y seguridad en ti para que su corazón no anhele un sustituto.

Dale a mi hija fuerza y dominio propio. Ayúdala a encontrar moderación en sus hábitos y pureza en sus acciones. Dale un corazón agradecido que te adore a ti en lugar de las bendiciones que provees. Si hay cualquier cosa en su vida en este momento que se esté convirtiendo en una trampa, por favor, dale libertad y una vía de escape.

Permíteme vivir como ejemplo de libertad para mi hija. Revela cualquier área en la que esté fuera de equilibrio: si estoy derramando mi pasión y atención en algo por las razones equivocadas. Que ella me vea como un "siervo de la justicia" con mis ojos "siempre hacia el Señor". Dame discernimiento para ver cualquier área en la que mi hija esté cayendo en cautividad. Suaviza su corazón para recibir mi perspectiva y el consejo de tu Espíritu, para que pueda andar en libertad de nuevo.

Alabo tu nombre por la esperanza que encontramos en ti. Porque "si el Hijo os libertare, seréis verdaderamente libres" (Juan 8:36). Amén.

17

CUANDO ESTÉ
PREOCUPADA

Por tanto, no se preocupen, diciendo: "¿Qué comeremos?"
o "¿qué beberemos?" o "¿con qué nos vestiremos?" Porque los
Gentiles buscan ansiosamente todas estas cosas; que el Padre
celestial sabe que ustedes necesitan todas estas cosas. Pero
busquen primero Su reino y Su justicia, y todas estas cosas
les serán añadidas. Por tanto, no se preocupen por el día de
mañana; porque el día de mañana se cuidará de sí mismo.
Bástenle a cada día sus propios problemas.

Mateo 6:31-34, NBLH

Por nada estéis afanosos, sino sean conocidas vuestras peticiones delante de Dios en toda oración y ruego, con acción
de gracias. Y la paz de Dios, que sobrepasa todo entendimiento, guardará vuestros corazones y vuestros pensamientos
en Cristo Jesús.

Filipenses 4:6-7

S EÑOR:
  Cada vez que me siento a balancear la chequera, ver el
reporte de calificaciones de mi hija, me reviso el colesterol y mi
presión arterial, tengo un desacuerdo con mi cónyuge o veo los
eventos violentos en las noticias, es fácil ponerme ansioso y preocuparme. Es difícil enfrentar un futuro incierto donde las luchas y las
crisis pueden suceder fuera de mi control.

Sé que esto también es una lucha para mi hija. Ella se pregunta
si tendrá éxito, si les agradará a los chicos, si será lo suficientemente

inteligente o bonita y si sus esperanzas y sueños se volverán realidad. Algunas veces ella también se preocupa por agradarme. Te pido por paz para ambos. Enséñanos a confiar en ti y a poner todas nuestras cargas en tus manos. Danos la fe para creer que guardarás tu promesa de cuidar de nosotros. Úsame para orientar a mi hija hacia ti cuando esté cayendo en estrés y ansiedad.

Ayúdanos a tener tus prioridades. No permitas que pongamos nuestros propios problemas temporales primero que la preocupación por tu Reino y las necesidades de los demás.

Nos distraemos tanto por las preocupaciones materiales que ignoramos a un mundo perdido que perece sin ti. En ocasiones nos preocupamos más por nuestra comodidad que por nuestra obediencia. Queremos gratificación rápida en lugar de la disciplina de esperar con paciencia a que actúes en nuestra vida.

Enséñanos a ser fieles en oración y a conocer tu paz. Guarda nuestros corazones y mentes de la tontería de la preocupación. Gracias por tus maravillosas promesas que nos dan esperanza. Amén.

18

CUANDO SEA ORGULLOSA

Igualmente, jóvenes, estad sujetos a los ancianos; y todos, sumisos unos a otros, revestíos de humildad; porque: Dios resiste a los soberbios, y da gracia a los humildes.

1 Pedro 5:5

Nada hagáis por contienda o por vanagloria; antes bien con humildad, estimando cada uno a los demás como superiores a él mismo; o mirando cada uno por lo suyo propio, sino cada cual también por lo de los otros. Haya, pues, en vosotros este sentir que hubo también en Cristo Jesús, el cual, siendo en forma de Dios, no estimó el ser igual a Dios como cosa a que aferrarse, sino que se despojó a sí mismo, tomando forma de siervo, hecho semejante a los hombres; y estando en la condición de hombre, se humilló a sí mismo, haciéndose obediente hasta la muerte, y muerte de cruz. Por lo cual Dios también le exaltó hasta lo sumo, y le dio un nombre que es sobre todo nombre, para que en el nombre de Jesús se doble toda rodilla de los que están en los cielos, y en la tierra, y debajo de la tierra; y toda lengua confiese que Jesucristo es el Señor, para gloria de Dios Padre.

Filipenses 2:3-11

PADRE DIOS:

¡El mundo nos empuja a tener una actitud de "todo se trata de mí" en todo! Queremos ser los mejores, llegar primero y salirnos con la nuestra en cada situación. Nos rehusamos a esperar en cualquier caso y esperamos que todos a nuestro alrededor nos gratifiquen con todo lo que deseamos. Somos impacientes si tenemos que hacer fila, estamos en un embotellamiento o incluso tenemos que soportar una descarga lenta en nuestra computadora.

Por favor, trabaja en el corazón de mi hija para crear paciencia y humildad hacia otros. Guárdala de volverse tan enfrascada en sí misma que ignore el bienestar de los que están a su alrededor. No permitas que pise a otros para avanzar o agradarse a sí misma. Enséñale atención, consideración y generosidad.

Ayúdame a poner un ejemplo para mi hija de cortesía y servicio. Dame la sabiduría para hablar de una manera honrosa acerca de familiares y compañeros de trabajo. Guárdame de volverme egoísta como padre e ignorar las necesidades de mi hija por estar envuelto en mis propias preocupaciones. Permíteme vivir delante de ella como alguien que cuida de los pobres, rinde sus propias preferencias por otros y busca ser una bendición.

Guárdanos de cualquier tipo de presunción o alarde. Que seamos humildes y obedientes en cada situación, así como Jesús se rindió a ti en todo. Y a través de nuestra humildad que seamos las manos y los pies de Jesús para todos.

¡Que tú seas glorificado! Amén.

Sus bendiciones

La medida máxima de un hombre no es donde se encuentra parado en momentos de comodidad y conveniencia, sino lo que defiende en momentos de desafío y controversia.

Martin Luther King Jr.[3]

Sé vivir humildemente, y sé tener abundancia; en todo y por todo estoy enseñado, así para estar saciado como para tener hambre, así para tener abundancia como para padecer necesidad.

Filipenses 4:12

Siendo un padre que vive en una tierra de abundancia quiero poder darle a mi hija cosas buenas. Así como Jesús dijo: "¿Qué hombre hay de vosotros, que si su hijo le pide pan, le dará una piedra? ¿O si le pide un pescado, le dará una serpiente?" (Mateo 7:9-10). Sabemos cómo darles a nuestros hijos lo que necesitan. No soñaríamos con negarle los alimentos a nuestra hija cuando estuviera hambrienta o un abrigo caliente en un día helado de invierno. Nuestro instinto de proveer es una parte integral de quiénes somos.

Quiero que mi hija tenga lo mejor de todo. Suelo suponer que lo mejor para ella es comodidad y bendición. Por supuesto, no quiero una niña floja que se siente a esperar que cada lujo le sea entregado en una charola de plata. Pero quiero que tenga buena salud para que pueda trabajar y jugar mucho. Una mente fuerte para aprender y tener éxito académico. Talentos para lograr y obtener éxito. Una gran personalidad y habilidades sociales para que se presente segura de sí y sea bien querida. Prosperidad financiera para disfrutar las cosas materiales que el mundo puede ofrecer.

Lamentablemente, cuando oro por todas estas bendiciones pueden contradecir lo que Dios quiere hacer en la vida de mi hija. En su sabiduría Él puede proveer desafíos, debilidades y pérdidas para hacer crecer su fe y enseñarle una dependencia mayor de Él. En fechas recientes Rob visitó en el hospital a una amiga que está batallando contra el cáncer. Ella citó el versículo que mencioné arriba y dijo: "Creo que a veces pedimos la piedra cuando pensamos que pedimos el pan". Y continuó diciendo cómo encontró que el cáncer era el pan de Dios para ella. Rob estaba sorprendido de que nuestra querida amiga dijera con alegría mientras el tratamiento de quimioterapia pasaba por sus venas: "¡Este es el pan de Dios para mí!". A través de la incertidumbre de su enfermedad, Dios se estaba encontrando con ella en maneras poderosas en medio de su dolor.

Ese es el tipo de fe que Dios desea que tenga su pueblo, incluyendo a mi hija. Sé que tiendo a orar por ella para que tenga una vida ligera y sencilla, pensando que estoy pidiendo "pan". Pero Dios quiere más que nada tener una relación cercana y personal con mi hija en la que ella confíe en Él por completo. Si Él respondiera cada una de mis oraciones que pide bendiciones para mi hija, ella podría estar tan absorta en disfrutar de esos dones que dejaría atrás al dador. Podría quedar tan embelesada con perseguir sus sueños que dejaría de lado buscar el rostro de su Salvador. Podría confundir la mera felicidad con el verdadero gozo de encontrar satisfacción en Dios solamente.

Con lentitud encuentro la valentía para pedirle a Dios que nunca le dé a mi hija comodidad en ningún área de su vida, si eso le cuesta su cercanía con Él. Algunas veces tengo que orar que una recompensa o logro sea pospuesto para que pueda aprender a esperar y a depender de Él. Hay momentos en los que llegar en primer lugar sería lo peor que podría suceder, porque podría fomentar orgullo y estorbar su amor por otros.

Las estadísticas muestran que aunque vivimos en uno de los países más ricos del mundo, nuestra nación tiene unas de las tasas más altas de depresión, suicidio y temor. ¡Es claro que el dinero no compra la felicidad! Mi hija encontrará verdadera paz y satisfacción solamente en el Señor. Si la busca en el dinero, las relaciones o los éxitos, siempre terminará decepcionada. Dios es lo suficientemente grande para tomar el dolor, los errores y las insuficiencias de mi hija y usarlos como bendiciones en su vida si sus ojos están puestos en Él.

Necesito la ayuda de Dios para que me guarde de vivir fuera de los límites de su voluntad. Él sabe cuando un regalo u ofrecimiento de ayuda de mi parte le hará bien o terminará por fomentar ingratitud o una falta de iniciativa. Viene en miles de maneras cada semana: ¿debería ella ahorrar su mesada para lo que quiere comprar o yo debería abrir mi cartera? ¿Debo estar a su lado mientras trabaja en su tarea o la dejo proseguir por su cuenta? ¿Una mano de ayuda para limpiar su armario será un acto de bondad o evitará que aprenda a perseverar en un trabajo hasta terminarlo? Sin el Espíritu que me dé discernimiento, estorbaría lo que Dios trata de enseñarle día a día.

La vida es demasiado corta para vivirla en nuestro propio placer. C. S. Lewis lo expresó de manera perfecta cuando dijo: "Si consideramos las promesas desvergonzadas de recompensa y la asombrosa naturaleza de los galardones prometidos en los evangelios, parecería que nuestro Señor encuentra nuestros deseos no demasiado fuertes, sino bastante débiles. Somos criaturas apáticas que perdemos el tiempo con la bebida y el sexo y la ambición cuando se nos ofrece gozo infinito, de manera semejante a un niño inculto que quiere continuar haciendo tartas de lodo en un barrio marginado porque no se puede imaginar lo que significa la oferta de unas vacaciones en el mar. Somos complacidos con demasiada facilidad".[4]

Que encontremos nuestro mayor placer en Dios de modo que todo lo demás palidezca en comparación. Le pido a Dios que mi hija vea este tipo de corazón en mí y descubra una vida plenamente satisfecha en Él.

19

CUANDO ESTÉ DE DUELO

Cercano está Jehová a los quebrantados de corazón; y salva a los contritos de espíritu.

Salmos 34:18

Tampoco queremos, hermanos, que ignoréis acerca de los que duermen, para que no os entristezcáis como los otros que no tienen esperanza. Porque si creemos que Jesús murió y resucitó, así también traerá Dios con Jesús a los que durmieron en él.

1 Tesalonicenses 4:13-14

Bendito sea el Dios y Padre de nuestro Señor Jesucristo, Padre de misericordias y Dios de toda consolación, el cual nos consuela en todas nuestras tribulaciones, para que podamos también nosotros consolar a los que están en cualquier tribulación, por medio de la consolación con que nosotros somos consolados por Dios. Porque de la manera que abundan en nosotros las aflicciones de Cristo, así abunda también por el mismo Cristo nuestra consolación.

2 Corintios 1:3-5

PADRE:

Tú conoces el dolor de mi hija. Conoces la pérdida que ha sufrido. En una vida de relativa comodidad y paz, este tipo de dolor es poco familiar y traumático para ella.

Es difícil para mí como su padre porque no puedo remover el dolor. No puedo arreglar lo que está roto o traer de vuelta lo que se perdió. Me duelo por ella y me siento tan débil e impotente.

Te alabo por ser lo que no puedo ser. Gracias por tu promesa de permanecer cerca de ella. Tenemos el amor de Cristo, quien se puede identificar con nuestro dolor por lo que sufrió en la cruz. El consuelo que trae es perfecto y completo comparado con los pequeños gestos que puedo dar.

Revélate a mi hija como Consolador. No permitas que su percepción de ti sea nublada por sus emociones. Habla a su corazón y mente para que pueda ver lo real que eres. Usa este tiempo de tribulación para que su fe se haga más profunda en tu amor.

Dame la valentía para encontrarme con ella en el dolor. Que yo sea un oído que la escuche y no trate de "arreglar" o aligerar cómo se siente. Hazme gentil y accesible para que pueda compartir sus heridas y que no camine por esto sola. Enséñame lo que es el verdadero aliento para orientarla hacia tu bondad y verdad.

Gracias por amar a mi hija y darnos esperanza. Amén.

20

CUANDO NECESITE MANTENERSE PURA

Huid de la fornicación. Cualquier otro pecado que el hombre cometa, está fuera del cuerpo; mas el que fornica, contra su propio cuerpo peca. ¿O ignoráis que vuestro cuerpo es templo del Espíritu Santo, el cual está en vosotros, el cual tenéis de Dios, y que no sois vuestros? Porque habéis sido comprados por precio; glorificad, pues, a Dios en vuestro cuerpo y en vuestro espíritu, los cuales son de Dios.

1 Corintios 6:18-20

Porque la gracia de Dios se ha manifestado para salvación a todos los hombres, enseñándonos que, renunciando a la impiedad y a los deseos mundanos, vivamos en este siglo sobria, justa y piadosamente, aguardando la esperanza bienaventurada y la manifestación gloriosa de nuestro gran Dios y Salvador Jesucristo, quien se dio a sí mismo por nosotros para redimirnos de toda iniquidad y purificar para sí un pueblo propio, celoso de buenas obras.

Tito 2:11-14

SEÑOR DIOS:
Tu deseo para mi hija es que se mantenga sexualmente pura y permanezca sin contaminación. Tú quieres que ella permanezca apartada para su marido hasta el día de su boda. En este mundo donde la promiscuidad es la norma, tu estándar de pureza es visto como poco realista y ridículo.

Mi hija escuchará que debería vivir para hacerse feliz. Que debería agradar a su novio en lugar de a sus padres y a su Señor. Que debería verse sensual en lugar de femenina y encantadora. Que si ella se aferra a su pureza es de mente estrecha, rígida, se piensa más justa que los demás o es una tonta.

Protege a mi hija de creer esas mentiras. Dale sabiduría para ver que la santidad y la pureza traen bendiciones de las que el mundo solo puede soñar. Ayúdala a encontrar completa satisfacción al vivir para ti. Dale la valentía de estar del lado de tu verdad incluso si le trae malentendidos o es ridiculizada. Que sea convencida de que los límites que estableces para nosotros son un acto de tu amor.

Dame la sabiduría como su padre para protegerla de quienes quisieran robar su inocencia. Que sienta devoción y afirmación de mi parte para que la atención de los demás palidezca en comparación. Ayúdala a entender todas las cosas buenas que su futuro matrimonio puede incluir si ella aprecia su pureza y guarda su corazón para su marido.

Gracias por crear a mi hija y hacer su cuerpo un templo de tu Espíritu. Que ella confíe en tus promesas de darle gozo y un futuro contigo si rinde su vida a ti hoy. Amén.

21

CUANDO NECESITE HONRAR A SUS PADRES

Hijos, obedeced en el Señor a vuestros padres, porque esto es justo. Honra a tu padre y a tu madre, que es el primer mandamiento con promesa; para que te vaya bien, y seas de larga vida sobre la tierra.

Efesios 6:1-3

También debes saber esto: que en los postreros días vendrán tiempos peligrosos. Porque habrá hombres amadores de sí mismos, avaros, vanagloriosos, soberbios, blasfemos, desobedientes a los padres, ingratos, impíos, sin afecto natural, implacables, calumniadores, intemperantes, crueles, aborrecedores de lo bueno, traidores, impetuosos, infatuados, amadores de los deleites más que de Dios, que tendrán apariencia de piedad, pero negarán la eficacia de ella; a éstos evita.

2 Timoteo 3:1-5

PADRE:
Cuando me siento a ver la televisión con mi hija, veo padres e hijos ridículos que viven para sí mismos. Escucho sarcasmo y falta de respeto para los adultos, y padres que se deshonrar a sí mismos por su conducta infantil.

Cuando mi hija visita la casa de sus amigas, con frecuencia ve mamás y papás pasivos, quienes han "cerrado sesión" en su paternidad por causa de estar atareados o por inseguridad. Sus hijos tienen asombrosos privilegios, pero virtualmente ninguna responsabilidad. Los padres son usados por su dinero y como medio de transporte, pero no para recibir dirección o tener una relación.

¡Coloca una cubierta sobre nuestro hogar! Dame la valentía para liderar e instruir a mi hija. Dame el tipo de integridad y fuerza que gane su respeto. Que ponga un ejemplo de humildad, dominio propio y santidad que establezca un estándar correcto por el que mi hija viva. Que honre a otros con mis palabras y acciones, que aliente a mi hija a hacer lo mismo.

Protege a mi hija de la influencia del mundo. Guarda su mente de la mentira de que no tiene que rendirle cuentas a nadie más que a sí misma. Ayúdala a encontrar seguridad y que viva en paz bajo tu autoridad y la de sus padres. Mantén sensible su consciencia para arrepentirse cuando caiga en cualquier tipo de rebelión, incluso si solo es en sus pensamientos o actitudes.

Gracias por darle a mi hija la promesa de la paz que trae la obediencia. Gracias por librarnos de la desesperanza del mundo. Mantennos cerca de ti. Amén.

22

CUANDO DEBA SOMETERSE A LA AUTORIDAD

Sométase toda persona a las autoridades superiores; porque no hay autoridad sino de parte de Dios, y las que hay, por Dios han sido establecidas. De modo que quien se opone a la autoridad, a lo establecido por Dios resiste; y los que resisten, acarrean condenación para sí mismos. Porque los magistrados no están para infundir temor al que hace el bien, sino al malo. ¿Quieres, pues, no temer la autoridad? Haz lo bueno, y tendrás alabanza de ella.

Romanos 13:1-3

Obedeced a vuestros pastores, y sujetaos a ellos; porque ellos velan por vuestras almas, como quienes han de dar cuenta; para que lo hagan con alegría, y no quejándose, porque esto no os es provechoso.

Hebreos 13:17

DIOS TODOPODEROSO:
Gracias por levantar un gobierno para establecer protección y orden en nuestra tierra. Estamos completamente al tanto de las debilidades de nuestros líderes, pero sabemos que sin autoridad establecida viviríamos en el caos.

Dale a mi hija un corazón respetuoso y obediente hacia las autoridades de su vida. Que se someta a la sabiduría de su pastor, a los requerimientos de su escuela y a las leyes de nuestra ciudad y nuestro país. Tráele protección y bendición por medio de los que has puesto en liderazgo sobre ella.

Sé que la obediencia le traerá paz y una buena reputación. Sean buenas notas escolares, seguridad, una limpia conciencia o libertad personal, que ella experimente los beneficios de honrar a sus líderes. Que se apropie de la sabiduría de tu Palabra que le aconseja obedecer. Guárdame de ser una piedra de tropiezo por mis propias actitudes con respecto a la autoridad. Guárdame de salirme de los límites al conducir, en mis finanzas y en la manera en que expreso mis opiniones acerca de nuestro gobierno. Hazme respetuoso de la gerencia en el trabajo. Guarda mis palabras de criticar a nuestro pastor y a los ancianos. No permitas que use mis libertades personales para calumniar a nadie o fomentar una mala actitud en mi hija.

Gracias por tu gran amor que nos brinda protección a través de nuestro gobierno. Gracias por el liderazgo en nuestra vida que nos dirige en el camino correcto que debemos seguir. Que te busquemos como nuestra autoridad máxima; danos corazones que se deleiten en hacer tu voluntad. Que tu maravilloso nombre sea glorificado por medio de nuestro respeto y sumisión. Amén.

23

CUANDO HAGA PLANES

Fíate de Jehová de todo tu corazón, y no te apoyes en tu propia prudencia. Reconócelo en todos tus caminos, y él enderezará tus veredas.

Proverbios 3:5-6

Así que, hermanos, os ruego por las misericordias de Dios, que presentéis vuestros cuerpos en sacrificio vivo, santo, agradable a Dios, que es vuestro culto racional. No os conforméis a este siglo, sino transformaos por medio de la renovación de vuestro entendimiento, para que comprobéis cuál sea la buena voluntad de Dios, agradable y perfecta.

Romanos 12:1-2

Conozco, oh Jehová, que el hombre no es señor de su camino, ni del hombre que camina es el ordenar sus pasos.

Jeremías 10:23

PADRE:
En las películas y cuentos de hadas que mi hija ha visto, los personajes buscan "seguir su corazón" y "crear su propio destino". Cuando los personajes finalmente obtienen todo lo que desean, lo llaman vivir felices para siempre.

¡Señor, sé que nunca podremos encontrar gozo fuera de tu voluntad! Cada vez que he hecho las cosas a mi manera o trazado mi propio curso, solo ha traído frustración y decepción. Nada se puede igualar a la paz que trae la obediencia.

Ayuda a mi hija a ver que algunas veces tus planes incluyen renunciar a sus propias metas y preferencias. Cuando se apoya en su propia prudencia, supone que cada dificultad es un error en lugar de algo que estás usando para traerla justo a donde quieres que este. Haz crecer su fe para que pueda confiarte su futuro. Ayúdala a rendir su vida a tu control.

Transforma nuestra manera de pensar para que tengamos la mente de Cristo en lugar de la del mundo. Danos *tus* prioridades para que dejemos de buscar nuestra propia ganancia. Que rindamos nuestro corazón plenamente a ti y ofrezcamos nuestro cuerpo como "sacrificio vivo". Guárdanos de vivir para nosotros mismos, establecer nuestras propias agendas y colocar nuestros deseos sobre los tuyos.

Gracias por los planes que tienes para mi hija. Sé que tu voluntad para ella es "buena, agradable y perfecta". Ayúdala a abrazar esos planes y a descubrir lo increíble que sería su vida si viviera por completo para ti. Amén.

24

CUANDO ESCUCHE FALSAS ENSEÑANZAS

Pero temo que como la serpiente con su astucia engañó a Eva, vuestros sentidos sean de alguna manera extraviados de la sincera fidelidad a Cristo.

2 Corintios 11:3

Guardaos de los falsos profetas, que vienen a vosotros con vestidos de ovejas, pero por dentro son lobos rapaces. Por sus frutos los conoceréis. ¿Acaso se recogen uvas de los espinos, o higos de los abrojos? Así, todo buen árbol da buenos frutos, pero el árbol malo da frutos malos.

Mateo 7:15–17

Por tanto, de la manera que habéis recibido al Señor Jesucristo, andad en él; arraigados y sobreedificados en él, y confirmados en la fe, así como habéis sido enseñados, abundando en acciones de gracias. Mirad que nadie os engañe por medio de filosofías y huecas sutilezas, según las tradiciones de los hombres, conforme a los rudimentos del mundo, y no según Cristo.

Colosenses 2:6-8

SEÑOR DIOS:
   Hay tantas voces que hablan a la mente de mi hija. No puedo determinar si sus maestros te reconocen como Creador. Si nuestros políticos protegerán la vida de los nonatos. Si sus amigos creen que la Biblia tiene alguna autoridad. Si sus parientes respetan los estándares de bien y mal de nuestra familia. Las personas cercanas a mi

hija y queridas por ella podrían traer mensajes confusos gracias a su falta de entendimiento. Como su padre, es tentador tratar de esconderla del mundo de modo que pueda filtrar cada idea a la que podría ser expuesta.

No obstante, lo que mi hija necesita todavía más que mi protección es discernimiento. Cuando el mundo diga que el dinero y la fama son las metas máximas, mantenla enfocada en vivir para ti. Cuando digan que todos pueden crear su propio código moral, dale devoción por tus caminos santos. Cuando digan que ella puede agradarte mediante tradiciones o rituales, recuérdale que deseas el amor de su corazón.

Dale a mi hija ojos para ver los "logos" que destruirían su fe. Por tu Espíritu, ayúdala a reconocer el buen o mal fruto en los demás para que sepa en quién confiar. Pon guarda sobre nuestra relación de modo que pueda mantener mi influencia en su vida. Hazme fuerte en el conocimiento de tu Palabra, de modo que comparta tu verdad con sabiduría y precisión.

Ella necesita que su fe sea edificada en ti; trae hombres y mujeres santos a su vida que la instruyan bien. Fortalece su fe y pon raíces profundas de verdad en su corazón. Sostenla para que pueda vivir de continuo en ti, libre de cautividad a cualquier engaño. Tú eres su esperanza y su escudo. Amén.

25

CUANDO NECESITE UN BUEN CONSEJO

El camino del necio es recto a sus propios ojos, Pero el que escucha consejos es sabio.

Proverbios 12:15, NBLH

Oíd, hijos, la enseñanza de un padre, y estad atentos, para que conozcáis cordura [...] Oye, hijo mío, y recibe mis razones, y se te multiplicarán años de vida. Por el camino de la sabiduría te he encaminado, y por veredas derechas te he hecho andar. Cuando anduvieres, no se estrecharán tus pasos, y si corrieres, no tropezarás. Retén el consejo, no lo dejes; guárdalo, porque eso es tu vida.

Proverbios 4:1, 10-13

SEÑOR:
　　Gracias por ofrecernos la oportunidad de encontrar sabiduría y aprender. No nos abandonas a la ignorancia. No obstante, algunas veces, en nuestra propia pereza u orgullo nos contentamos con quedarnos como estamos. Nos tragamos las opiniones del mundo a nuestro alrededor sin cuestionarlas. Dejamos que los libros acumulen polvo en los estantes. Evitamos escuchar enseñanzas en la iglesia que podrían estirar o desafiar nuestro pensamiento. Salimos con amigos que nos aceptan sin alentarnos a crecer en sabiduría y alejarnos del pecado.

Protege a mi hija de un corazón necio que rechace el consejo de sus padres. Pon personas que se preocupen por ella en su vida que tengan la valentía de decirle la verdad y orientarla hacia a ti. Abre sus oídos para escuchar y comprender tu Palabra y crea sensibilidad a la dirección y guía de tu Espíritu. Ábrele puertas de aprendizaje —libros de calidad, maestros talentosos, nuevas experiencias y desafíos— que renueven su mente y que la hagan más como Jesús.

Hazme un padre sabio quien sea capaz de darle consejo y sabiduría a mi hija. Dame las palabras correctas para hablar en los momentos oportunos. Mantén a mi hija en una senda derecha a medida que camina por esta vida. Que vea el gran valor de la instrucción que se le ha dado. Permítele tener un entendimiento inconmovible del bien y del mal. Protégela de tomar decisiones destructivas que traigan dolor y quebranto de corazón a su vida.

Gracias de nuevo por los dones de ciencia y sabiduría. Que

seamos fieles para escucharte y permitirte cambiarnos de dentro hacia afuera.

Amén.

Una historia de oración

Cuando mi hija Sara tenía seis años, estaba parada en una silla para ayudarle a su mamá a cocinar un poco de macarrones con queso y al estirarse para alcanzar algo, la silla se volcó. En el proceso de tratar de amortiguar la caída, se echó el agua hirviendo sobre la cara, el pecho y un brazo. A lo largo de las siguientes horas, la mayor parte de la piel quemada se le desprendió. Mientras estábamos en el centro de quemaduras, los médicos sintieron la necesidad de "restregar" la piel que no se había desprendido sola para removerla. No es necesario decir que este es un proceso bastante doloroso y algo horrible de ver para los padres. Después de las primeras dos veces que lo hicieron, no sabíamos para nada qué hacer ni cómo les podríamos permitir hacerlo la tercera y cuarta vez que ellos insistían que era necesario. Nos informaron que esta vez era probable que fuera peor que las dos primeras veces a causa de la extensión de la limpieza que necesitaban realizar. También nos informaron que no podrían administrarle suficiente morfina para matar el dolor ya que sería demasiado peligroso.

Le pedí a mi esposa, Emily, que esperara en el pasillo y que le enviara un mensaje de texto a todas las personas en las que pudiera pensar para pedirles que oraran por un milagro. Trajeron algunas enfermeras adicionales para ayudar a sostener a Sara mientras llevaban a cabo el procedimiento.

Para este momento mi hija ya había llegado a sentir aversión al ver a los médicos y a las enfermeras acercarse a ella, así que se molestó bastante al verlos acercársele. Al estar allí de pie sosteniendo su mano y orando, se calmó por completo y las enfermeras y yo vimos con asombro cómo el médico llevó a cabo el procedimiento con Sara acostada allí en calma sin quejarse. La única explicación que necesito para esto es que Dios escuchó las oraciones desesperadas de sus hijos y decidió entrar y realizar un milagro.

Phil Mast, *Virginia*

26

CUANDO NECESITE DAR

Que hagan bien, que sean ricos en buenas obras, dadivosos, generosos; atesorando para sí buen fundamento para lo por venir, que echen mano de la vida eterna.

1 Timoteo 6:18-19

Pero esto digo: el que siembra escasamente, escasamente también segará; y el que siembra abundantemente (con bendiciones), abundantemente (con bendiciones) también segará. Que cada uno dé como propuso en su corazón, no de mala gana ni por obligación, porque Dios ama al que da con alegría. Y Dios puede hacer que toda gracia abunde para ustedes, a fin de que teniendo siempre todo lo suficiente en todas las cosas, abunden para toda buena obra. Como está escrito: "El esparció, dio a los pobres; su justicia permanece para siempre".

2 Corintios 9:6-9, NBLH

PADRE:
¡Has sido tan generoso conmigo! Tengo un hogar, talentos y habilidades, personas que se preocupan por mí y una hermosa hija quien es el tesoro de mi corazón. También has derramado tus bendiciones en mi hija. Ella tiene amigos y familia, cosas materiales, oportunidades de aprender y explorar, y la energía y promesa de su juventud.

Guárdanos de corazones egoístas que acaparen las maravillosas bendiciones que has dado. Es fácil olvidar que eres la fuente de todo lo que tenemos. Nos volvemos orgullosos y nos damos el crédito. Es tentador seguir queriendo más y más, enfocándonos en lo que no tenemos en lugar de en lo increíblemente bendecidos que somos.

Llénanos de compasión por los que batallan. Si mi hija es rica en amigos, que le extienda una mano a las niñas que están solitarias. Si tiene un armario lleno de conjuntos atractivos, dale un corazón tierno por niñas que no pueden comprar la ropa que necesitan. Cuando tenga más de lo que puede comer, ayúdale a recordar a los que padecen hambre. Cuando esté caliente y cómoda en su habitación, que tenga compasión por los que no tienen casa y que tenga un corazón por la hospitalidad.

Muéstranos maneras reales y prácticas en las que podemos compartir con otros. Guíanos a ministerios con los que podamos colaborar para ayudar a los que están batallando. Guárdanos de acumular más y más, y desafíanos a dar lo que tenemos. Protégenos de amar nuestro dinero; danos un espíritu alegre para dar a cualquiera en necesidad. Que seamos fieles para cuidar de nuestra familia y del cuerpo de Cristo, no solo con nuestras finanzas, sino con nuestro tiempo y energía también.

Gracias por enviar a Jesús como un ejemplo perfecto de dar y servir. Transfórmanos y haznos como Él. Amén.

27

CUANDO NECESITE TRABAJAR

Y todo lo que hagáis, hacedlo de corazón, como para el Señor y no para los hombres; sabiendo que del Señor recibiréis la recompensa de la herencia, porque a Cristo el Señor servís.

Colosenses 3:23-24

El perezoso ambiciona, y nada consigue; el diligente ve cumplidos sus deseos.

Proverbios 13:4, NVI

SEÑOR DIOS:
Es muy fácil para mi hija relajarse y dejar que la vida siga sin ella. Puede perderse al navegar la internet, ver la televisión, dormir, ir de compras o jugar videojuegos. Puede despertarse en la mañana y esperar que el día se trate de su propia gratificación. Si se le exige su tiempo y energía se siente resentida. El trabajo se convierte solo en un medio de pagar por su propio placer.

Es fácil olvidar que "somos hechura suya, creados en Cristo Jesús para buenas obras, las cuales Dios preparó de antemano para que anduviésemos en ellas" (Efesios 2:10). Estimula el corazón de mi hija para trabajar y hacerlo con diligencia. Dale un sentido de propósito para lo que está delante de ella cada día.

Dale a mi hija la motivación para enfrentar sus estudios y quehaceres.

Algunas veces se quiere rendir antes de terminar o se siente satisfecha con el mínimo esfuerzo. Hace lo menos que tiene que hacer para quitarse a sus padres o maestros "de encima". Se sentirá tentada a perseguir la excelencia solamente en cosas que le traigan atención o alabanza. Enséñale la satisfacción que viene de hacer un trabajo excelente. Ayúdala a disfrutar un desafío y tener la energía para nuevos proyectos. Dale la reputación de ser fiel y responsable. Revela las bendiciones que tienes preparadas cuando ella trabaja en obediencia a ti.

Guárdanos de trabajar duro simplemente para nuestra propia ganancia. Que trabajemos para ti, Señor, en lugar de tratar de impresionar a otras personas. Que seamos tan diligentes cuando estamos solos como cuando otros nos ven. Cuando los que están a nuestro alrededor terminen su trabajo con excelencia felicitémoslos y celebremos los resultados. Que te alabemos por darnos la fuerza y la habilidad para crear, construir y aprender.

Queremos servirte con toda nuestra fuerza. Entrena nuestro corazón para valorar el trabajo y obedecerte en todas las cosas. Permítenos experimentar tu herencia y recompensa. Amén.

Su identidad

En una entrevista reciente que leí, el pastor y autor de mayor venta, Mark Driscoll, comentó sobre el tema de la identidad en relación con su hija:

Nuestra hija mayor tiene 15 años. Cuando se trata de identidad, la presión es inmensa sobre todos en general, pero en especial sobre las mujeres jóvenes: cuánto pesan, qué amigas tienen, cuál es su promedio escolar, la música que les gusta, los pasatiempos que disfrutan, los deportes que juegan, la ropa que usan y la tecnología que tienen. Todas son señales de identificación de quién es ella. En las redes sociales crean una identidad solo para ser sometidas a escrutinio. Mucho del trabajo como padres, entonces, es saber quiénes somos en Cristo y después ayudar a nuestros hijos a entender quiénes son en Cristo. En ese sentido, la paternidad es discipular.[5]

¡Mi mayor esperanza como padre es que mi hija encuentre su identidad en Dios y solo en Dios! Quiero que se vea a sí misma de la manera que Dios la ve, en lugar de cómo se ve a sí misma en el espejo o se compara con las demás. A dondequiera que mi hija voltea se le dice quién debería ser —inteligente, hermosa, talentosa, graciosa, popular—, lo cual no tiene nada que ver con ser una hija de Dios.

Mi oración es que mi hija se abandone por completo a Dios, porque es la única manera en que alguna vez encontrará verdadera paz, gozo y aceptación. Todo a su alrededor va a tratar de tirar de ella para apartarla de la verdad y decirle que se está perdiendo de algo en la vida. Tengo que orar por ella para que se mantenga fuerte y resista la tentación de encontrar su identidad en el patrón de este mundo. Y tengo que pedirle a Dios sabiduría y arrojo para hablar con ella y orientarla a la verdadera fuente de valor y aceptación.

El Señor escuchará mis oraciones al pedir su guía con respecto a la identidad de mi hija. Me revelará qué tipo de cualidades he estado validando en ella. ¿Ella solo escucha afirmación por su apariencia y desempeño? ¿O me escucha felicitarla por mostrar amabilidad? ¿Por esperar con paciencia cuando está emocionada? ¿Por obedecer a la primera en lugar de discutir? ¿Por tener una actitud agradecida en lugar de quejarse? ¿Por celebrar las bendiciones de los demás en lugar de solo pensar en sí misma? Si ella ve que valoro el carácter de su corazón en lugar de solo sus logros externos, tendrá una mejor imagen de lo que le importa a Dios.

Si mi hija trata de encontrar su identidad en los lugares equivocados terminará con el corazón roto y dolor. Nunca podrá alcanzar el estándar que se ha establecido en su mente así que siempre se sentirá como un fracaso. Quedará abierta a los peligros de los desórdenes alimenticios, noviazgos poco saludables, adicciones y traicionar sus valores para agradar a los demás. Si no sabe quién es en verdad, buscará a otras personas que la definan. Quedará atrapada en vivir para otros en lugar de para el Dios que la ama por sobre todos.

Oro por sabiduría para conocer los límites y me propongo guardar la mente de mi hija. Se requiere valentía para ser el "malo" cuando tengo que decirle que no a la música, las películas, las revistas que presionan a mi hija para que se vea y actúe de cierta manera. Quizá tenga que guardar la chequera y postergar la gratificación de mi hija por posesiones que ella piensa que necesita para ser feliz. No obstante, a través de todo esto necesito mantenerme siendo compasivo y comprensivo. Ella se encuentra en una batalla y estoy aquí para ayudarla sin hacerla sentir culpable por batallar.

Tuve una conversación en fechas recientes con mi adolescente, y me dijo que si a uno le ponen una etiqueta en la escuela media, esa imagen se le queda hasta terminar la escuela media-superior. No importa de qué manera uno pueda crecer o cambiar, dijo, "eso se convierte en quién uno es". Las niñas sienten una presión increíble para establecer su identidad a los ojos de los demás antes de que siquiera tengan la oportunidad de descubrir quiénes son por sí mismas. Estoy agradecido de que mi hija sea amada por Dios y que puede encontrar libertad de esta preocupación. Le pido a Dios que ella encuentre descanso y seguridad por medio de abrazar quién Él declara que es: una heredera de su promesa, santa y amada, amiga de Dios, una nueva creación y una escogida.

Como padres, necesitamos tener cuidado de permitirle a nuestras hijas ser ellas mismas. Si usted es callado y reservado, pero su hija es una persona extrovertida llena de vida quien lleva las emociones a flor de piel, pídale ayuda a Dios para disfrutar esas cualidades únicas. Si usted fue un estudiante con las notas más altas y procuró una carrera exigente en lo intelectual, ore por paciencia si ella no es la académica que le gustaría que fuera. Si prefiere practicar el violín en su habitación a correr en el campo de fútbol, alabe a Dios por sus talentos en lugar de tratar de empujarla a una actividad distinta. Entienda que su hija es sensible y detectará su desaprobación. Si ella piensa que lo está decepcionando con su personalidad e intereses, eso sacudirá también su confianza en la aceptación de Dios.

Si nuestras hijas pudieran verse a sí mismas como hijas de Dios, creadas y amadas por el Señor de todo, serían libres para hacer cosas asombrosas en esta vida. Pueden escapar de la trampa de vivir para agradar a los demás y, en lugar de ello, vivir para Él. Descubrirán la buena voluntad de Dios, agradable y perfecta para su vida y las buenas obras que Dios ha preparado de antemano para que anden en ellas (Romanos 12:2; Efesios 2:10). Y tendremos el asombroso privilegio de verlas crecer en gozo y gracia justo delante de nuestros ojos.

28

CUANDO NECESITE DOMINIO PROPIO

Como ciudad derribada y sin muro es el hombre cuyo espíritu no tiene rienda.

Proverbios 25:28

Porque la gracia de Dios se ha manifestado para salvación a todos los hombres, enseñándonos que, renunciando a la impiedad y a los deseos mundanos, vivamos en este siglo sobria, justa y piadosamente, aguardando la esperanza bienaventurada y la manifestación gloriosa de nuestro gran Dios y

Salvador Jesucristo, quien se dio a sí mismo por nosotros para redimirnos de toda iniquidad y purificar para sí un pueblo propio, celoso de buenas obras.

Tito 2:11-14

SEÑOR:

Parece que parte de la niñez es ser impulsivos. ¡Caminar en la lluvia se puede convertir en un baño completo de lodo en un segundo! Una pequeña disputa por un juguete se puede convertir rápido en un encuentro de gritos. Comer un par de galletas de refrigerio puede llevar a que el frasco se vacíe en una sentada. Los esfuerzos de mi hija por limpiar su cuarto se pueden desviar cuando se distrae con un libro que encontró debajo de su cama. Revisar su teléfono un momento se puede convertir en una sesión de una hora de envío de mensajes de texto.

Parte de la madurez de mi hija significa crecer en dominio propio.

Te pido que le des tu gracia para desacelerar y pensar antes de hablar. Para tener un apetito saludable que diga: "No", cuando esté llena.

A "ver antes de saltar" cuando esté teniendo un divertido tiempo escandaloso que podría llegar demasiado lejos. A respirar de manera profunda antes de reaccionar en enojo. Recordar su hora de regresar a casa en lugar de perder de vista el tiempo. Ser diligente y enfocada cuando tenga una tarea que completar.

Úsame como un ejemplo de santidad en estos asuntos. Guárdame de permitirme demasiado de cualquier cosa, sea trabajo, entretenimiento o emociones de modo que se salga de equilibrio. Refréname cuando me esté saliendo de los límites para que mi hija pueda ver cómo se debería ver el dominio propio.

Te agradezco que en amor quieres atraernos a una relación más cercana contigo. Sabes que ser dominados por nuestras emociones e impulsos evitará que tengamos la maravillosa vida que deseas. Guíanos por tu Espíritu a medida que vivimos en ti. Amén.

29

CUANDO BUSQUE DIVERTIRSE

Porque en otro tiempo erais tinieblas, mas ahora sois luz en el Señor; andad como hijos de luz (porque el fruto del Espíritu es en toda bondad, justicia y verdad), comprobando lo que es agradable al Señor. Y no participéis en las obras infructuosas de las tinieblas, sino más bien reprendedlas; porque vergonzoso es aun hablar de lo que ellos hacen en secreto.

Efesios 5:8-12

Entenderé el camino de la perfección cuando vengas a mí. En la integridad de mi corazón andaré en medio de mi casa. No pondré delante de mis ojos cosa injusta. Aborrezco la obra de los que se desvían; ninguno de ellos se acercará a mí. Corazón perverso se apartará de mí; no conoceré al malvado.

Salmos 101:2-4

PADRE:

La cantidad de formas de entretenimiento crece todos los días. Mi hija y yo podemos tener acceso a todo tipo de música, juegos y videos en nuestra televisión y otros dispositivos. No podríamos jamás agotar la lista de aplicaciones disponibles para descarga con más y más que son creadas todo el tiempo.

Mientras que el descanso y la relajación son obsequios para nuestro bien, mi hija puede hacer del entretenimiento el punto focal de su día. Ella necesita nuestra sabiduría para saber cuándo poner las distracciones a un lado. Necesita dominio propio para poder apagar las pantallas cuando está desperdiciando el tiempo al tratar de terminar un nivel más.

La mayor parte del tiempo, los programas que vemos y los juegos que jugamos son divertidos e inofensivos. Pero sé que me puedo volver insensible al material que te deshonra por medio de una constante exposición a la violencia o sensualidad abierta. Podemos encontrarnos riendo por comportamientos que consideras vergonzosos. Incluso durante un programa familiar, los anunciantes inundan nuestros ojos con imágenes que roban la inocencia de mi hija.

Guarda los ojos de mi hija, su corazón y su mente de cualquier cosa que haga parecer trivial el pecado. Mantén sus pensamientos centrados en cosas admirables, puras y excelentes que te agraden. Dale un sentido interno de bien y mal que se ofenda por la perversidad y las tinieblas.

Algunas veces vivir por tus estándares puede ser difícil. Mi hija quizá tenga que apartarse de sus amigos por tomar decisiones distintas. Quizá experimente frustración cuando le pongo límites a su actividad en línea porque no tiene la suficiente madurez para comprenderlo. Fortalécenos por tu Espíritu para que sigamos tu dirección y mantennos unidos al tomar decisiones con respecto a nuestro entretenimiento.

Gracias por liberarnos de las tinieblas y darnos vida. Tú eres perfecto y lleno de bondad y verdad; que te amemos a plenitud y vivamos en tu luz. Amén.

30

CUANDO ESCOJA SUS PALABRAS

Ninguna palabra corrompida salga de vuestra boca, sino la que sea buena para la necesaria edificación, a fin de dar gracia a los oyentes.

Efesios 4:29

El hombre bueno, del buen tesoro de su corazón saca lo bueno; y el hombre malo, del mal tesoro de su corazón saca lo malo; porque de la abundancia del corazón habla la boca.

Lucas 6:45

El que guarda su boca guarda su alma; mas el que mucho abre sus labios tendrá calamidad.

Proverbios 13:3

SEÑOR DIOS:
    Nuestros oídos son inundados todos los días con sarcasmo, obscenidad, comentarios irrespetuosos, humor poco apropiado y palabras de queja. Estas "palabras corrompidas" pueden saturar nuestra mente e influenciar la manera en que nos expresamos. Y, Señor, Tú sabes que: "Todos ofendemos muchas veces. Si alguno no ofende en palabra, éste es varón perfecto, capaz también de refrenar todo el cuerpo" (Santiago 3:2). Estamos tan lejos de ser perfectos que nuestra batalla por "domar la lengua" nunca termina.

Te pido por mi hija, que hable palabras de bondad y honestidad. Úsala como una bendición para sus compañeros de clase y familia por la manera en que anima a los demás. Que sus palabras amables y de honra reflejen a Jesús en su vida e incrementen su testimonio de ti.

Guárdala de las pláticas descuidadas y las palabras de broma que destruyen a los demás. Dale dominio propio para filtrar sus palabras antes de permitir que de su boca salgan volando palabras tontas sin pensar. Puede traerse tantos problemas —una reputación arruinada, relaciones rotas y oportunidades perdidas— por permitirse palabras impulsivas.

Dale la habilidad de estar quieta y escuchar. Que tenga discernimiento con respecto a quién oír. Llénala de valentía para alejarse de amigas o artistas cuyas palabras la derrumben o la alejen de ti. Que tu Palabra esté escrita en su corazón para guiarla mientras crece.

Usa mis palabras para bendecir a mi hija. Guárdame de críticas ásperas, sarcasmo o humillaciones desconsideradas que aplasten su espíritu. Que yo establezca un ejemplo de integridad y gracia en cómo le hablo a ella y a otros. Llena mi boca con tu verdad en cada situación por el poder de tu Espíritu. Amén.

31

CUANDO SE PREPARE PARA CASARSE

No os unáis en yugo desigual con los incrédulos; porque ¿qué compañerismo tiene la justicia con la injusticia? ¿Y qué comunión la luz con las tinieblas? ¿Y qué concordia Cristo con Belial? ¿O qué parte el creyente con el incrédulo?

2 Corintios 6:14-15

Maridos, amad a vuestras mujeres, así como Cristo amó a la iglesia, y se entregó a sí mismo por ella.

Efesios 5:25

Vosotros, maridos, igualmente, vivid con ellas sabiamente, dando honor a la mujer como a vaso más frágil, y como a coherederas de la gracia de la vida, para que vuestras oraciones no tengan estorbo. Finalmente, sed todos de un mismo sentir, compasivos, amándoos fraternalmente, misericordiosos, amigables.

1 Pedro 3:7-8

PADRE:
    Aunque mi hija es joven, sé que los años pasan muy rápido. Antes de que me dé cuenta, llevará un hermoso vestido blanco y se preparara para caminar por el pasillo de la iglesia.

Te pido por el hombre con el que mi hija se casará. Tú lo creaste, lo amas y ya lo estás moldeando en el marido que un día será.

Mantén su cuerpo a salvo de enfermedad y lesiones, defiende su mente en contra de la ignorancia y las enseñanzas falsas y protege sus emociones por medio de rodearlo con amor fiel y cuidados. Que el marido de mi hija sea un seguidor tuyo de todo corazón. Que encomiende sus sendas a tu autoridad. Llénalo de tu Espíritu para que viva en pureza y en el conocimiento de ti. Que ame tu Palabra y que la tenga guardada en su corazón para que no peque contra ti (Salmos 119:11).

Fortalécelo para liderar bien a su familia. Dale honor entre sus compañeros y una reputación intachable. Revela sus dones espirituales y dale la pasión de servir al cuerpo de Cristo. Dale la sabiduría de tomar decisiones excelentes y escapar de la tentación

Incluso ahora, crea un espíritu compasivo en él para que aprecie a mi hija. Dale humildad para servirla bien y resolver cualquier conflicto que surja. Motívalo para proveer para ella, proteger su corazón y sacrificarse por su bienestar. Que el amor que le muestre a mi hija sea un reflejo de la asombrosa manera en que amas a tu pueblo.

Protege su matrimonio; protégelos de guardar rencores que carcoman la unidad que Tú deseas. Dales fidelidad de modo que ningún otro afecto pueda estar entre ellos. Que rindan sus propios deseos egoístas para que puedan ser una bendición el uno para el otro. Que encuentren gozo en su vida juntos a medida que te siguen en todo. Amén.

32

CUANDO DUDE DE DIOS

Tampoco dudó, por incredulidad, de la promesa de Dios, sino que se fortaleció en fe, dando gloria a Dios, plenamente convencido de que era también poderoso para hacer todo lo que había prometido.

Romanos 4:20-21

Para que os dé, conforme a las riquezas de su gloria, el ser fortalecidos con poder en el hombre interior por su Espíritu; para que habite Cristo por la fe en vuestros corazones, a fin de que, arraigados y cimentados en amor, seáis plenamente capaces de comprender con todos los santos cuál sea la anchura, la longitud, la profundidad y la altura, y de conocer el amor de Cristo, que excede a todo conocimiento, para que seáis llenos de toda la plenitud de Dios.

Efesios 3:16-19

SEÑOR DIOS:
    Nuestra mayor batalla es tomarnos de ti en fe. Tú eres fiel y nunca cambias, pero perdemos nuestra confianza en ti con mucha facilidad. Cuando mi hija batalla o ve el mal en el mundo a su alrededor, no está segura de tu poder o bondad. Puede sentir que tus promesas en la Escritura son respondidas para otros, pero no para ella. Jesús regresó al cielo hace mucho y ella se pregunta si en realidad vendrá de nuevo por nosotros en algún momento.

¿Dónde estás cuando los desastres naturales matan y destruyen? ¿Cuándo los hombres malvados abandonan o asesinan niños inocentes? ¿Cuándo las personas buenas pierden todo, pero los defraudadores egoístas obtienen lo que quieren? ¿Cuándo los "grandes" de nuestra sociedad descartan tu Palabra como un cuento de hadas? Necesitamos tu ayuda para ver con claridad cuando el mundo es un lugar tan roto.

Mi hija es joven y la prueba de su fe es algo nuevo y atemorizante para ella. No está segura de cómo reconciliar al buen Dios del que se le ha enseñado con la mala situación con la que es confrontada. Te pido que tu Espíritu le dé fuerza. Dale una fe inconmovible en tu amor. Que su fe se levante por encima de sus emociones y dudas de modo que eclipse sus temores y dudas.

Atrae a tu pueblo alrededor de mi hija para levantarla y alentarla.

Usa mi fe y adoración, débiles como son, para demostrar tu amor. Escribe tu Palabra en su corazón para que tu verdad penetre su vida. Dale a mi hija el poder de comprender el amor ilimitado de Cristo. Y en esto, llénala con tu plenitud. En tu plenitud vemos el poder transformador ser soltado en nuestra vida. Vemos las promesas cumplidas. Vemos la unión del cuerpo de Cristo. Somos levantados más allá de lo que nuestros ojos pueden ver para experimentar el amor del cielo mismo. Amén.

33

CUANDO NECESITE
SANIDAD

¿No has sabido, no has oído que el Dios eterno es Jehová, el cual creó los confines de la tierra? No desfallece, ni se fatiga con cansancio, y su entendimiento no hay quien lo alcance. El da esfuerzo al cansado, y multiplica las fuerzas al que no tiene ningunas. Los muchachos se fatigan y se cansan, los jóvenes flaquean y caen; pero los que esperan a Jehová tendrán nuevas fuerzas; levantarán alas como las águilas; correrán, y no se cansarán; caminarán, y no se fatigarán.

Isaías 40:28-31

Bendice, alma mía, a Jehová, y bendiga todo mi ser su santo nombre. Bendice, alma mía, a Jehová, y no olvides ninguno de sus beneficios. El es quien perdona todas tus iniquidades, el que sana todas tus dolencias; el que rescata del hoyo tu vida, el que te corona de favores y misericordias; el que sacia de bien tu boca de modo que te rejuvenezcas como el águila.

Salmos 103:1-5

A MOROSO PADRE:
Tú eres el Señor no solo de nuestros corazones y mentes, sino también de nuestros cuerpos. Fuimos hechos de una manera formidable y maravillosa (Salmos 139:14). Pero en este mundo imperfecto experimentamos enfermedad y fatiga. Nuestro cuerpo envejece y se vuelve frágil. El estrés y el exceso de trabajo pueden derribarnos hasta enfermarnos y que seamos forzados a tomar un descanso.

Tú conoces nuestras debilidades. Tú tienes compasión de mi hija, porque aunque es joven no es invencible. Problemas de salud interfieren con su vida diaria. Se contagia del virus que está rondando la escuela. El gran juego la deja con lesiones y adolorida. Un accidente la deja fuera de la cancha por semanas. El estrés y el desgaste de un horario agitado la agota y desanima su espíritu.

Señor, levántala. Como su Gran Médico, trae sanidad a su cuerpo. Sopla energía y vida en ella cuando no pueda dar un paso más. Dale a mi hija tu esperanza en momentos de enfermedad o fatiga. Usa esas experiencias para enseñarle que Tú eres su fuerza. Dale sabiduría para ir en pos de la buena condición física, la nutrición y un descanso adecuado, pero que entienda que su poder en verdad se encuentra en ti.

Dame la sabiduría para saber cómo cuidar de ella. Si necesita aligerar su carga ayúdame a establecer límites sabios en su horario. Si necesita más descanso o nutrición ayúdame a proveerlos. Si necesita aliento para sostenerse y seguir adelante, dame las palabras qué decir que la edificarán.

Sé el sanador del alma de mi hija también. En tu misericordia, que encuentre perdón y consuelo en ti. Cuando tropiece y caiga, levántala de nuevo para que continúe caminando contigo. Cuando esté confundida o sea engañada, renueva su mente con tu verdad.

Tú eres nuestro gran médico. Tú sanas nuestras heridas y satisfaces cada deseo de nuestro corazón. Estamos abrumados con tu amor. Amén.

34

CUANDO NECESITE CONFESAR

Si decimos que no tenemos pecado, nos engañamos a nosotros mismos, y la verdad no está en nosotros. Si confesamos nuestros pecados, él es fiel y justo para perdonar nuestros pecados, y limpiarnos de toda maldad.

1 Juan 1:8-9

Bienaventurado aquel cuya transgresión ha sido perdonada, y cubierto su pecado. Bienaventurado el hombre a quien Jehová no culpa de iniquidad, y en cuyo espíritu no hay engaño. Mientras callé, se envejecieron mis huesos en mi gemir todo el día. Porque de día y de noche se agravó sobre mí tu mano; se volvió mi verdor en sequedades de verano. Mi pecado te declaré, y no encubrí mi iniquidad. Dije: Confesaré mis transgresiones a Jehová; y tú perdonaste la maldad de mi pecado.

Salmos 32:1-5

DIOS TODOPODEROSO:
En esta era moderna no escuchamos la palabra pecado con mucha frecuencia. Hablamos acerca de nuestros errores, nuestras malas decisiones y nuestras omisiones. Le tiramos al buen comportamiento en lugar de a la santidad. Comparamos nuestras acciones con el mundo a nuestro alrededor (y nos sentimos bastante bien de nosotros mismos) en lugar de vivir por tus estándares perfectos.

Dale a mi hija la humildad de ver dónde se queda corta de tu gloria. Facúltala para mencionar sus pecados por lo que son y no descartarlos como meras debilidades. Usa la convicción del Espíritu en su corazón para revelar su necesidad de tu perdón.

Te pido que mi hija no se satisfaga con solo ser un "buena chica". Enséñale a amar tus caminos y la vida de santidad a la que ha sido llamada. Que corra a ti cuando caiga, que experimente la paz y las bendiciones de un corazón purificado.

Si mi hija se está aferrando a un hábito pecaminoso en este momento, ayúdala a ver cómo la está separando de ti. Dale sabiduría para ver que continuar en pecado solo traerá dolor y destrucción en su vida. Muéstrale lo que tiene que perder si escoge seguir su propio camino.

Gracias por tu amor que nunca nos dice que no cuando te buscamos. Que restaura nuestra fuerza y esperanza cuando te confesamos nuestros pecados. Que nunca nos abandona incluso cuando nos hemos rendido y nos hemos abandonado a nosotros mismos. Tú nos renuevas y nos liberas. Amén.

35

CUANDO BATALLE CON EL CHISME

El hombre perverso levanta contienda, y el chismoso aparta a los mejores amigos.

Proverbios 16:28

El chismoso divulga secretos, no te juntes con gente parlanchina.

Proverbios 20:19, BLPH

Manteniendo buena vuestra manera de vivir entre los gentiles; para que en lo que murmuran de vosotros como de malhechores, glorifiquen a Dios en el día de la visitación, al considerar vuestras buenas obras.

1 Pedro 2:12

Recuérdales que se sujeten a los gobernantes y autoridades, que obedezcan, que estén dispuestos a toda buena obra. Que a nadie difamen, que no sean pendencieros, sino amables, mostrando toda mansedumbre para con todos los hombres.

Tito 3:1-2

SEÑOR:
Mi hija está herida hoy por el chisme que se ha difundido acerca de ella. Se siente traicionada y mal entendida. No sabe cómo restaurar su reputación. No sabe en quién poder confiar.

Pongo a mi hija y esta situación en tus manos. Trae la verdad a la luz para que los rumores se disuelvan por completo. Llena a sus verdaderos amigos de compasión y valentía para estar de su lado sin importar lo que digan los demás. Trae unidad y paz a todos los involucrados. Restaura las relaciones que se hayan visto tensionadas o rotas.

Es tentador para mi hija tomar represalias por medio de difundir chismes ella misma. Guárdala de calumniar a nadie mientras está molesta o enojada. Mantenla en calma y en paz en el conocimiento de que todas las cosas ayudan para bien. Dale humildad para admitir cualquier error de su parte que podría haber contribuido con el problema en primer lugar.

Refréname, Señor. Es tentador como su padre ponerme en medio de la situación y "arreglarla". Ayúdame a confiar en ti para el resultado, y dame la sabiduría de saber cuándo hablar y cuándo callar.

Te pido que esta experiencia le enseñe compasión a mi hija. Ayúdala a perdonar a los que la decepcionaron. Hazla más sensible a sus propias palabras en el futuro, ya que ella conoce el dolor que una palabra descuidada puede traer. Úsala como una pacificadora y un ejemplo de tu benignidad.

Gracias por tu fiel amor que nos muestra el camino. Amén.

Una historia de oración

Nuestra hija mayor estaba apenas comenzando preescolar, y como la mayoría de los padres, mi esposa y yo estábamos preocupados por la escuela a la que asistiría nuestra hija y qué maestra solicitar.

Escuchamos los pros y los contras, siendo meticulosos para seleccionar lo que pensábamos era lo mejor para nuestra hija. Cuando llegó el momento de solicitar una maestra de preescolar en particular, nuestra hija tomó una perspectiva diferente. Le preguntamos su opinión acerca de qué maestra le gustaría solicitar después de una visita a la escuela, y compartimos nuestros pros y contras con ella. Ella respondió de una manera práctica: "No se preocupen. ¡Le dije a Dios que Él podía escogerla!". Ahora bien, le hemos enseñado a nuestra hija a orar acerca de las decisiones, pero esto parecía un poco raro.

Había abundantes razones por las que pensábamos que cierta maestra sería la mejor elección por mucho. No obstante, nuestra hija fue insistente en que "Dios sabe lo que es mejor", y decidimos que esta podría ser una lección de vida.

Terminamos sin solicitar una maestra en particular y oramos con ella por la elección de Dios. Nuestra hija comenzó el primer día de clases y cuando la recogimos de la escuela ese día, no estaba segura de si su maestra le agradaba mucho. Pero dos semanas después y a lo largo del resto del año escolar, nuestra hija venía a casa de la escuela contando historias acerca de cómo su maestra era "perfecta" para ella. Comprendimos que la maestra era estructurada, con baja tolerancia al caos en la clase y al mismo tiempo amable en la instrucción y la disciplina. Esas son cualidades de carácter que no se pueden observar en una experiencia rápida de clase abierta. Solamente Dios podría haber sabido cuál maestra podría haber sido la correcta para nuestra hija, y Él generosamente proveyó

una respuesta a nuestra oración. Nunca olvidamos esa
lección y con frecuencia todavía la utilizamos para recordar que Dios conoce el futuro y que podemos confiar en
Él al tomar decisiones para "mañana".

Joel Shank, *pastor del ministerio de niños, Grand
Rapids, Michigan*

36

CUANDO ENFRENTE UN CAMBIO

Jesucristo es el mismo ayer, y hoy, y por los siglos.

Hebreos 13:8

Todo tiene su tiempo, y todo lo que se quiere debajo del cielo
tiene su hora. Tiempo de nacer, y tiempo de morir; tiempo de
plantar, y tiempo de arrancar lo plantado; tiempo de matar,
y tiempo de curar; tiempo de destruir, y tiempo de edificar; tiempo de llorar, y tiempo de reír; tiempo de endechar,
y tiempo de bailar; tiempo de esparcir piedras, y tiempo de
juntar piedras; tiempo de abrazar, y tiempo de abstenerse de
abrazar; tiempo de buscar, y tiempo de perder; tiempo de
guardar, y tiempo de desechar; tiempo de romper, y tiempo
de coser; tiempo de callar, y tiempo de hablar; tiempo de
amar, y tiempo de aborrecer; tiempo de guerra, y tiempo de
paz.

Eclesiastés 3:1-8

Por la misericordia de Jehová no hemos sido consumidos, porque nunca decayeron sus misericordias. Nuevas son cada mañana; grande es tu fidelidad.

Lamentaciones 3:22-23

PADRE:
Encontramos un sentido de seguridad cuando nuestros días son predecibles y pensamos que sabemos qué esperar. Nos gusta el orden y la rutina, el ciclo de los días y las estaciones, y caminar en un sendero recto hacia nuestros sueños y metas.

En tu sabiduría, nos recuerdas que todo tiene un tiempo. Nunca sabemos cuando entraremos a un periodo de pérdida y tengamos que dejar a alguien o algo que apreciamos. Tantas cosas pueden cambiar de manera inesperada: nuestro domicilio, nuestra trayectoria profesional, nuestro mejor amigo, nuestra salud, nuestra seguridad e incluso nuestra vida en este mundo.

Ayuda a mi hija a aceptar los cambios que vienen a su camino. Que encuentre seguridad y paz en ti en lugar de en otras personas o circunstancias. ¡Que el hogar de su corazón sea el cielo, más que nuestro domicilio! Que encuentre que eres su amigo más cercano en lugar de confiar en chicas cuya lealtad y amabilidad puede ser muy inconsistente.

Algunas veces el cambio significa despedirnos o renunciar a la meta con la que estábamos comprometidos. Dale sabiduría para saber cuando simplificar su horario, cuando dejar ir una relación que la está afectando o cuando renunciar a un pasatiempo que está estorbando actividades más significativas.

Dale la confianza de enfrentar nuevos desafíos y experiencias; que abrace nuevas aulas y oportunidades con emoción. Llénala con valentía para extender su mano a otros y desarrollar nuevas amistades. Silencia las voces de crítica que la desaniman y desquebrajan su confianza.

Gracias por ser nuestro constante, inmutable Dios. Sin importar lo que enfrentemos día a día, Tú estás con nosotros. Te alabamos por la paz y la esperanza que encontramos en ti. Amén.

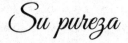

Su pureza

Pues no nos ha llamado Dios a inmundicia, sino a santificación.

1 Tesalonicenses 4:7

Pero fornicación y toda inmundicia, o avaricia, ni aun se nombre entre vosotros, como conviene a santos.

Efesios 5:3

¡Parece casi imposible convencer a los jóvenes de que la razón por la que Dios les dijo que esperen a casarse para tener sexo es porque los ama! ¿Cómo persuadimos a los chicos de que Dios no está tratando de quitarles algo asombroso de sus manos cuando la cultura a nuestro alrededor retrata el sexo como parte natural del amor? Las películas, los programas de televisión y la música popular da por sentado que el sexo es parte de toda relación de noviazgo. Su actitud es que es solo otra manera de divertirse, todos lo están haciendo y no es la gran cosa. Nuestra sociedad ha dejado de tomar el sexo en serio. Al ofrecer la libertad de compartir la intimidad con cualquiera y con todos, hemos perdido la conciencia de que a través del sexo: "Los dos serán una sola carne" (1 Corintios 6:16).

Pero cuando uno ve todas las maneras en que el sexo casual ha afectado nuestra sociedad, a las personas e incluso a nosotros mismo, podemos ver por qué Dios estableció un estándar tan alto para sus hijos. Los jóvenes padecen altas tasas de enfermedades, embarazos adolescentes, abortos y luchas emocionales porque no comprenden las consecuencias de sus actos.

La adicción a la pornografía tanto de hombres como de mujeres está en lo más alto de todos los tiempos y sigue creciendo, distorsionando de manera permanente la belleza de la intimidad en el matrimonio. La edad promedio para que un niño sea expuesto a la pornografía por primera vez son los once años, y un gran porcentaje de chicos de ocho a dieciocho la han visto en línea.[6] No voy a intentar contar cuántos adultos están utilizando pornografía a diario. Pero me pregunto cuántos padres no están hablando con sus hijos acerca de pureza porque después de que sus hijos se van a acostar en la noche ven sitios web que dañan su propia integridad sexual.

Conozco hombres comprometidos de Dios que batallan con la lujuria y la pornografía a pesar de que va en contra de todo lo que creen. El pecado sexual tiene la habilidad única de atraparnos como ninguna otra tentación que enfrentamos. Para empeorar las cosas, las películas gráficas y la pornografía están más fácilmente disponibles ahora que nunca. Tal acceso fácil genera una piedra de tropiezo en cada esquina para el creyente que está tratando de mantener puro su camino.

Muchos de nosotros pusimos en entredicho nuestra pureza sexual en el pasado de maneras de las que no estamos orgullosos. Los padres pueden sentir que no están calificados para exigirles a sus hijos el estándar de Dios siendo que fracasaron ellos mismos de jóvenes. Tenemos miedo de ser hipócritas al pedirles a nuestros hijos que vivan valores que nosotros no cumplimos. Es importante recordar que en Cristo somos nuevas criaturas. La persona que usted es hoy conoce la verdad y busca vivir por ella. No permita que el enemigo lo estorbe para desafiar a su hija en esta área por lo que el Señor ya perdonó y removió: "Cuanto está lejos el oriente del occidente, hizo alejar de nosotros nuestras rebeliones" (Salmos 103:12).

No creo que sea sabio sacar al sol nuestros trapos sucios delante de nuestros hijos, pero le puede ayudar saber que todos batallan con el pecado sexual y la tentación en cierto punto. Serán bendecidos por padres que son compasivos con respecto a lo que están pasando. El

Señor incluso promete identificarse con nuestra lucha. Él dice: "Porque no tenemos un sumo sacerdote incapaz de compadecerse de nuestras debilidades, sino uno que ha sido tentado en todo de la misma manera que nosotros, aunque sin pecado. Acerquémonos, pues, confiadamente al trono de la gracia, para alcanzar misericordia y hallar gracia para el oportuno socorro" (Hebreos 4:15-16). Gracias a Cristo nuestras hijas no tienen que pasar por eso solas.

Cuando se trata de orar por la pureza de nuestra hija, algunas veces es difícil saber qué decir. Podríamos orar: "Querido Dios, por favor mata a cualquier jovencito que trate de tocar a mi hija"; ¡no obstante, es probable que no sea la perspectiva que debamos tomar! En su lugar podemos pedir que se mantenga tan segura en el amor de Dios y su familia que no necesite el afecto de otro tipo para encontrar su valor. Y que ella toma decisiones cuidadosas a lo largo del camino, sin ceder terreno en pequeñas áreas que podría llevar a rendirlo todo al final. Que se rodee de amigas y mentores que siguen a Dios, y que le tomen cuentas cuando se esté desviando del camino correcto. Podemos pedir que Dios nos dé sabiduría como padres para establecer límites alrededor de sus actividades sociales y la exposición a los medios que podrían influenciar sus actitudes acerca de la sexualidad. Y podemos orar que confíe en el Señor para su futuro; Él tiene el propósito de que ella tenga una hermosa relación amorosa con un hombre de Dios quien apreciará su mente, cuerpo y alma.

Cuando vemos a tantos muchachos abandonando los valores en los que fueron criados, nos podemos preguntar si orar por nuestras hijas en realidad sirve de algo. Podemos pensar: *Quizá los chicos van a hacerlo de todos modos*. No renuncie a la esperanza de que su influencia y oraciones marcarán una diferencia. Dios nos asegura en su Palabra que "esta es la confianza que tenemos en él, que si pedimos alguna cosa conforme a su voluntad, él nos oye. Y si sabemos que él nos oye en cualquiera cosa que pidamos, sabemos que tenemos las peticiones que le hayamos hecho" (1 Juan 5:14-15). Pídale a Dios que desarrolle su confianza en Él a medida que usted pone a su hija en sus manos.

Para los padres que están en duelo porque su hija ya perdió su inocencia de alguna manera, aliente su corazón. Dios está en el negocio de renovarnos. Nos ofrece perdón, restauración y un nuevo comienzo. Pida su ayuda para tratar con su enojo y decepción. Comparta escrituras con su hija acerca de la gracia de Dios como 1 Juan 1:9: "Si confesamos nuestros pecados, él es fiel y justo para perdonar nuestros pecados, y limpiarnos de toda maldad". ¡Qué promesa tan increíble a la cual aferrarnos!

Nuestro Padre aprecia a nuestras hijas en todos los aspectos, al igual que nosotros. En Él podemos encontrar esperanza para el futuro de nuestras hijas. En Dios ellas pueden encontrar toda la fuerza que necesitan para seguirlo en cada aspecto de su vida. No nos rindamos jamás de animar a nuestras hijas ni de cubrirlas en oración.

37

CUANDO BUSQUE SU IDENTIDAD

No améis al mundo, ni las cosas que están en el mundo. Si alguno ama al mundo, el amor del Padre no está en él. Porque todo lo que hay en el mundo, los deseos de la carne, los deseos de los ojos, y la vanagloria de la vida, no proviene del Padre, sino del mundo. Y el mundo pasa, y sus deseos; pero el que hace la voluntad de Dios permanece para siempre.

1 Juan 2:15-17

Mas vosotros sois linaje escogido, real sacerdocio, nación santa, pueblo adquirido por Dios, para que anunciéis las virtudes de aquel que os llamó de las tinieblas a su luz admirable.

1 Pedro 2:9

SEÑOR:
Gracias por la asombrosa nueva identidad que le has dado a mi hija. La llamas tu hija y tu amiga. Le prometes una herencia y una recompensa. Declaras que es santa y justa y la transformas en una nueva creación. Le ofreces "toda bendición espiritual" (Efesios 1:3), una mente nueva y gracia para soportar cualquier cosa que venga a su camino.

Te pido que abras sus ojos al amor y los dones que has derramado para ella. Que tenga la seguridad, de pies a cabeza, de que *Tú* eres su razón para vivir y estar alegre. Sé el primer amor de mi hija para que nada en este mundo se pueda comparar.

Dale a mi hija un corazón que te agrade en lugar de al mundo a su alrededor. Mantenla dedicada a ti para seguir tus caminos en lugar de los valores populares o filosofías de la cultura. Que tus dones sean más preciosos que cualquier cosa material que ella pueda ver con sus ojos.

Que esté dedicada a glorificarte y engrandecer tu nombre en lugar de atraer la atención a ella misma y buscar su propia importancia. Que su gratitud por todo lo que has hecho genere un espíritu humilde y generoso que cuide de los demás.

Gracias por darle a mi hija una esperanza y un futuro. Que te ame más y más todos los días de su vida. Amén.

38

CUANDO NECESITE
UNA COMUNIDAD

Mas vosotros sois linaje escogido, real sacerdocio, nación santa,
pueblo adquirido por Dios, para que anunciéis las virtudes de
aquel que os llamó de las tinieblas a su luz admirable; vosotros que en otro tiempo no erais pueblo, pero que ahora sois
pueblo de Dios; que en otro tiempo no habíais alcanzado
misericordia, pero ahora habéis alcanzado misericordia.

1 Pedro 2:9-10

Y considerémonos unos a otros para estimularnos al amor y
a las buenas obras; no dejando de congregarnos, como algunos tienen por costumbre, sino exhortándonos; y tanto más,
cuanto veis que aquel día se acerca.

Hebreos 10:24-25

PADRE:
Gracias por tu Iglesia, el Cuerpo de Cristo. Nos has dado un
lugar para pertenecer a una familia que durará por la eternidad. Podemos compartir nuestras luchas y celebraciones con otros que te siguen.

Te pido que mi hija encuentre su lugar en tu iglesia. Rodéala
de creyentes que la alienten cuando esté batallando o perdiendo su
camino. Usa el amor que ella ve en otros cristianos para testificarle
cómo cuidas de ella.

Protégela de la herida y la confusión que viene cuando tu pueblo
está ausente o es infiel. Dale sabiduría para ver que aunque eres
perfecto, la gente todavía falla y abandona lo que dice creer. No

permitas que las debilidades que ella vea en otros generen dudas en su mente acerca de tu poder y bondad.

Ayúdala a encontrar su verdadero hogar en el Cuerpo de Cristo. Dale un sentido de pertenencia y gozo al cuidar de tu iglesia y servirla. Dale la fuerza de mantenerse presente e involucrada. Genera una sensibilidad en su corazón para otros creyentes que estén desanimados y necesiten un amigo para edificarlos. Crea "vínculos" que sean fuertes en tiempos difíciles. Quizá el mundo a su alrededor vea esos lazos únicos y sean atraídos a ti por causa del amor que ven en ella.

Gracias por darnos una comunidad que nos levante mientras esperamos tu regreso. Eres tan bueno con nosotros y te amamos. Amén.

39

CUANDO SEA REBELDE

No seáis como el caballo, o como el mulo, sin entendimiento, que han de ser sujetados con cabestro y con freno, porque si no, no se acercan a ti. Muchos dolores habrá para el impío; mas al que espera en Jehová, le rodea la misericordia.

Salmos 32:9-10

Mas esto les mandé, diciendo: Escuchad mi voz, y seré a vosotros por Dios, y vosotros me seréis por pueblo; y andad en todo camino que os mande, para que os vaya bien. Y no oyeron ni inclinaron su oído; antes caminaron en sus propios consejos, en la dureza de su corazón malvado, y fueron hacia atrás y no hacia adelante.

Jeremías 7:23-24

S EÑOR:
    Una de nuestras mayores luchas es someternos a ti. Queremos ir por nuestro propio camino, hacer nuestros propios asuntos y no responder a nadie. Queremos controlar nuestro propio destino. Escogemos y elegimos qué pecados tolerar en nuestra vida, pero somos rápidos en criticar el comportamiento de todos los demás. Nos sentimos partidos en dos; queremos seguirte y amarte, pero nuestros deseos pecaminosos tiran de nosotros.

Señor, sé la roca de mi hija. Sé su estándar inconmovible para el bien y el mal. Dale un corazón que se incline a tu voluntad y autoridad. Enséñale a buscarte antes de que corra hacia una nueva relación, oportunidad o tentación.

Tú dices que la rebelión en tu contra trae necedad y problemas a nuestra vida. Amo a mi hija y quiero que conozca una vida de bendición y paz. Ayúdala a recibir tu amor y salvación para que pueda confiarte por completo su vida. Que avance hacia el futuro contigo en lugar de apartarse para ir por su propio camino.

Guarda a mi hija de creer en la mentira de que debería vivir a su manera, para ella misma. Silencia a los que le enseñan a despreciar la autoridad. A los que ven la sumisión como débil. Quienes piensan que "solo se vive una vez" de modo que debería gratificarse mientras pueda. Abre sus ojos para verte. Que conozca tu voz como su amoroso Pastor quien la guía al perfecto descanso y paz.

Sé que algún día toda rodilla se doblará y toda lengua confesará que Jesucristo es el Señor (Filipenses 2:10-11). Que mi hija y yo confiemos en ti *ahora*. Que estemos rendidos a ti en todas las cosas hasta que Cristo venga. Amén.

40

CUANDO ESTÉ ABURRIDA

Este es el día que hizo Jehová; nos gozaremos y alegraremos en él.

Salmos 118:24

Porque somos hechura suya, creados en Cristo Jesús para buenas obras, las cuales Dios preparó de antemano para que anduviésemos en ellas.

Efesios 2:10

No hay cosa mejor para el hombre sino que coma y beba, y que su alma se alegre en su trabajo. También he visto que esto es de la mano de Dios. Porque ¿quién comerá, y quién se cuidará, mejor que yo? Porque al hombre que le agrada, Dios le da sabiduría, ciencia y gozo.

Eclesiastés 2:24-26

SEÑOR:
No hay nada peor en una tarde tranquila que mi hija venga y me diga: "¡Estoy aburrida!". Tanto de su tiempo está organizado por su escuela u otras actividades que cuando tiene unas pocas horas libres se puede perder en cómo invertirlas.

Ayuda a mi hija a encontrar propósito en sus días. Energízala para usar su creatividad. Carga su corazón para servir a su familia y ser servicial en nuestro hogar. Dale un espíritu abierto que le dé la bienvenida a los amigos y muestra hospitalidad. Motívala a expandir su mente por medio de la lectura y proyectos desafiantes.

Muéstrale a mi hija que tienes propósitos para ella aunque sea joven. Dale expectación cada mañana de cómo la usarás ese día. Ayúdala a ver el tiempo como un regalo tuyo, algo no para desperdiciarlo, sino para disfrutarlo al máximo.

Dame la sabiduría de cómo guiar a mi hija. Guárdame de la trampa de tratar de entretenerla a cada momento. Muéstrame cuándo darle su espacio para llenar sus propias horas y cuándo acercarme para un tiempo juntos.

Llena el corazón de mi hija de gratitud por su vida maravillosa. Ayúdala a contar sus bendiciones para que no more en lo que es incapaz de hacer. Protégela de una actitud negativa que mantenga la satisfacción fuera de su alcance. Que vea que su vida es tuya y que deseas llenar cada día con cosas buenas.

Señor, cuando me sienta tentado a decir: "Estoy aburrido", ayúdame a estar quiero y recordar que también soy tuyo. Que permanezca alegre y activo para que mi hija pueda ver el gozo que se encuentra en vivir la vida al máximo. Amén.

41

CUANDO SE SIENTA AMARGADA

Quítense de vosotros toda amargura, enojo, ira, gritería y maledicencia, y toda malicia. Antes sed benignos unos con otros, misericordiosos, perdonándoos unos a otros, como Dios también os perdonó a vosotros en Cristo.

Efesios 4:31-32

Pero desecha las cuestiones necias e insensatas, sabiendo que engendran contiendas. Porque el siervo del Señor no debe ser contencioso, sino amable para con todos, apto para enseñar, sufrido.

2 Timoteo 2:23-24

Mirad bien, no sea que alguno deje de alcanzar la gracia de Dios; que brotando alguna raíz de amargura, os estorbe, y por ella muchos sean contaminados.

Hebreos 12:15

Vestíos, pues, como escogidos de Dios, santos y amados, de entrañable misericordia, de benignidad, de humildad, de mansedumbre, de paciencia; soportándoos unos a otros, y perdonándoos unos a otros si alguno tuviere queja contra otro. De la manera que Cristo os perdonó, así también hacedlo vosotros.

Colosenses 3:12-13

SEÑOR:
Cuando mi hija se sienta ofendida o traicionada, las heridas quizá sean profundas. Es probable que resuelva perdonar, pero enfrentará una larga lucha para olvidar el doloroso recuerdo. Las palabras crueles podrían hacer eco en su mente durante años después de ser pronunciadas. Un insulto puede generar sentimientos de vergüenza que nunca parecen desvanecerse. Cuando las heridas no sanan, el resentimiento y la amargura podrían enraizarse en lo profundo de su corazón.

Tú conoces la herida que sufrió mi hija. No fue justo, ni correcto. La relación está rota y parece que no se podrá reparar. Se pregunta si alguna vez podrá volver a confiar en la gente de la misma manera.

Protege a mi hija de guardar rencor. Si la amargura crece en su corazón, la separará de tu gracia. La endurecerá hacia otros. Batallará con enojo y negatividad. Quedará tan enfrascada en obtener la justicia que cree merecer que perderá su compasión por los demás.

Dale la fuerza de perdonar en verdad. Guárdala de palabras de calumnia o de chisme para que la división no se extienda. Ayúdala a ver sus propias debilidades para que pueda ser humilde y comprensiva. Consuélala con tu gran amor para que cualquier ofensa parezca ligera en comparación.

Es difícil ver a mi preciosa hija sufrir. Por favor, sana sus heridas, llénala de tu gracia y libérala de un espíritu amargado. Gracias por tu misericordia que siempre perdona y nos permite comenzar de nuevo. Te amamos. Amén.

Una historia de oración

He notado, como papá de hijas, que es mucho más fácil rendirse al temor que esforzarse y ser valiente. Esa frase poderosa fue dicha por Dios cuatro veces en el capítulo introductorio de Josué, mientras Dios lo preparaba para tomar el liderazgo de todo un pueblo. Y esa frase es la que he estado aprendiendo para vivir —y para orar por mis hijas— por ya casi diecisiete años.

He escuchado decir que la valentía no es la ausencia del temor, sino que más bien la valentía es la disposición a hacer lo correcto incluso frente al temor. He llegado a aprender que lo correcto frente al temor con frecuencia se trata más de confiar en Dios que de simplemente "hacer algo". Y esa es una lección que pido que mis hijas aprendan y vivan.

Pero también he estado aprendiendo que para que les transfiera esta valentía Dios tiene que darme oportunidades primero, para que lo pueda entender y ser ejemplo de ello. Esto se ha manifestado con mayor frecuencia con los sentimientos de indefensión que hemos tenido a veces con la salud de nuestras hijas.

Mire, yo no tengo solo una hija por la cual orar, tengo ocho.

Así es. No tengo hijos. Ocho hijas. Cada una, una bendición. Cada una, una alegría. Y cada una, una oportunidad de ponerme los pelos de punta. Así que pido por la valentía de confiar en Dios.

El Señor me ha estado dando oportunidades durante años para aprender qué es confiar en Él frente al temor. Algunas veces lo he manejado bien, por la gracia de Dios. En otras ocasiones he sucumbido al temor, incluso por una breve temporada. Pero en cada caso he aprendido que Dios es fiel y paciente, y que mis hijas me ven y aprenden de mí (incluso cuando mi boca no está abierta para "enseñarles").

Estos son solo algunos ejemplos:

A mi hija mayor, Hannah, no le gustaba para nada ir a algún consultorio médico cuando era pequeña. Así que cuando tuvimos una visita traumática al dentista cuando era pequeña, pasé mucho tiempo con ella, tratando de consolarla y orando con ella y por ella. Imagine mi sorpresa cuando, después de un poco de tiempo de espera, salió el personal para decirnos que no la tratarían (a pesar de ya haberse calmado).

Grrrrrrr.

Bueno, encontramos un nuevo dentista y, con el tiempo, mi hija ha desarrollado una confianza más fuerte en el Señor que la ha ayudado a pasar por una cirugía de amígdalas, muchas visitas al ortodontista e incluso una compleja cirugía por un tobillo fracturado y la recuperación. Está obteniendo la valentía de confiar en Dios en la incertidumbre del consultorio médico.

Ahora eso ya es parte de la herencia de mi hija: ha visto cómo el Señor me ha ayudado —y a ella— a ir más allá de sus temores y colocarse en manos de otros, así como tenemos que hacerlo con Dios todos los días.

Cuando mi esposa estaba embarazada de Emma, nuestra tercera hija, se nos advirtió en una prueba temprana de que existía la posibilidad de que tuviera Síndrome de Down. Se nos preguntó si queríamos una prueba más compleja y posiblemente más peligrosa para determinarlo con certeza. Declinamos la invitación, agradecidos de que se nos hubiera advertido acerca de la posibilidad, pero sabiendo que saberlo con certeza no cambiaría nuestro curso de acción ni un ápice.

Utilizamos los meses previos al parto no para pedirle a Dios que la guardara de tener Síndrome de Down, sino para preparar nuestro corazón, mente y vida para esa posibilidad. Cuando nació, el cordón la estaba estrangulando, brindando momentos incluso más tensos de "esto está fuera de mi control". Más oración. Y más valentía necesaria para confiar en Dios. Sobrevivió al parto, y nos regocijamos, no porque no tuviera Síndrome de Down, sino porque estaba viva y porque estábamos listos por la gracia de Dios para lo que viniera.

Y ahora eso es parte de la herencia de mi hija: saber que el Señor preparó nuestro corazón para amarla y cuidarla sin importar lo que viniera.

Cuando nos enteramos de que esperábamos nuestra cuarta hija, Olivia, el momento no podría haber sido más difícil. Poco antes había perdido mi empleo cuando mi empleador cerró la empresa y se declaró en bancarrota. Mi abuela, con quien había sido muy cercano, estaba muriendo de cáncer a novecientas millas o unos mil quinientos kilómetros de distancia. Y tuve que someterme a una cirugía para remover un tumor óseo benigno sobre mi tobillo izquierdo.

Literalmente no podía "poner los pies en la tierra" para incluso buscar un empleo, mucho menos viajar a Misuri para visitar a mi abuela. Pero a través de los muchos días difíciles de ese periodo, Dios nos dio la gracia de resistir, de poner un pie frente al otro, para caminar a través del luto con mi familia y estar abierto a la nueva aventura que Él rápido proveyó.

Fue difícil. Fue oscuro. Pero fue bueno.

Y ahora eso es parte de la herencia de mi hija: conocer que las maravillosas noticias de su vida vinieron en un tiempo en el que Dios pudo sacarnos adelante.

Parece ser un tema en mi vida. Dios me pregunta una y otra vez: "¿Soy suficiente para ti?".

Así que se ha convertido en parte de mis oraciones por mis ocho hijas. Señor, te pido, por favor ayúdame a mostrarle a mis hijas a caminar por fe, confiar en ti, incluso cuando no podemos ver una salida o no sabemos cómo harás lo que quieres y necesitas hacer. Por favor, ayúdalas a tener la valentía que necesitan para confiar en ti, sin importar qué, más allá de sus circunstancias.

Leon C. Wirth, *director ejecutivo de paternidad y juventud en Enfoque a la Familia®*

42

CUANDO SE SIENTA SOLA

Y Jehová va delante de ti; él estará contigo, no te dejará, ni te desamparará; no temas ni te intimides.

Deuteronomio 31:8

He aquí yo estoy con vosotros todos los días, hasta el fin del mundo.

Mateo 28:20

¿A dónde me iré de tu Espíritu? ¿Y a dónde huiré de tu presencia? Si subiere a los cielos, allí estás tú; y si en el Seol hiciere mi estrado, he aquí, allí tú estás. Si tomare las alas del alba y habitare en el extremo del mar, aun allí me guiará tu mano, y me asirá tu diestra.

Salmos 139:7-10

PADRE:
     Hay momentos en que nos sentimos solos en este mundo.
Los amigos cercanos y la familia se mudan. Cambiamos de trabajo,
casa y escuela y nos encontramos en el exterior viendo hacia aden-
tro. Las relaciones se distancian, o sentimos que nadie en nuestro
círculo en realidad nos conoce bien o no les interesa profundizar
la amistad. Podemos sufrir traición y rechazo y quedar completamente aislados.

Tú conoces el dolor de la soledad de mi hija. Sus compañeros
pueden ser amigables en la mesa del almuerzo, pero no la invitan
a convivir fuera de la escuela. Su teléfono se mantiene en silencio
y la bandeja de entrada de sus mensajes permanece vacía. Se siente
invisible e insegura.

Gracias por ser el amigo fiel de mi hija. Aunque no te puede
ver con sus ojos, ayúdala a *saber* que estás a su lado. Que use esta
temporada de solitud para buscarte. Que escuche tu voz cuando ore.
Háblale por tu Espíritu para que pueda experimentar tu presencia.
Dale la esperanza de que conoces sus necesidades y que traerás una
amiga especial en el momento indicado.

Por favor, dale a mi hija una actitud abierta, amigable hacia los
demás. No permitas que el desánimo endurezca su corazón para ya
no buscar a los demás. Trae a una chica considerada a su camino
que le ofrezca una amistad abierta y verdadera.

Muéstrame cómo ser su compañero durante esta temporada. No
me permitas quedar tan enfrascado en mis propios intereses que
la haga a un lado. Ayúdame a ser divertido y accesible; usa este
tiempo para fortalecer nuestro lazo.

Gracias por tu fiel cuidado de mi hija. Tú estás en control, y
confío en que protegerás su corazón solitario y suplirás todas sus
necesidades. Amén.

43

CUANDO NECESITE ORAR

Y de igual manera el Espíritu nos ayuda en nuestra debilidad; pues qué hemos de pedir como conviene, no lo sabemos, pero el Espíritu mismo intercede por nosotros con gemidos indecibles.

Romanos 8:26

Yo te he invocado, por cuanto tú me oirás, oh Dios; inclina a mí tu oído, escucha mi palabra.

Salmos 17:6

Estad siempre gozosos. Orad sin cesar. Dad gracias en todo, porque esta es la voluntad de Dios para con vosotros en Cristo Jesús.

1 Tesalonicenses 5:16-18

S EÑOR:
    Antes de que Jesús regresara al cielo, sus discípulos le pidieron que les enseñara a orar (Lucas 11:1). Dale a mi hija el mismo deseo, e instrúyela en cómo hablar contigo. Muéstrale que la oración no es una fórmula de palabras que recitamos para cumplir un formalismo. Tú quieres que ella se acerque a ti más allá de dar gracias por los alimentos o por el día a la hora de dormir.

Dale fuerza por tu Espíritu para hacer tiempo para hablar contigo. Muéstrale cómo sentarse en silencio contigo hasta que escuche tu voz. Dale la confianza de que es escuchada y que no está solo hablando con el techo. Dale un sentido de expectativa de que responderás cuando se acerque a ti.

Insta a mi hija a compartir cada parte de su vida contigo en oración. Cuando reciba un premio o venza un desafío, que esté emocionada por contárselo a su Papá celestial y alabarte. Cuando esté enferma, cansada o desanimada, que corra a ti por fuerzas. Cuando pierda algo o a alguien precioso, que se recargue en ti para consuelo y ayuda. Que la oración sea tan natural como respirar a medida que comparte su día contigo momento a momento.

Gracias por tu gran amor que nos invita a encontrarnos contigo en oración. Que mi hija descubra ese increíble don. Amén.

44

CUANDO NECESITE DISCIPLINA

Y habéis ya olvidado la exhortación que como a hijos se os dirige, diciendo: Hijo mío, no menosprecies la disciplina del Señor, ni desmayes cuando eres reprendido por él; porque el Señor al que ama, disciplina, Y azota a todo el que recibe por hijo. Si soportáis la disciplina, Dios os trata como a hijos; porque ¿qué hijo es aquel a quien el padre no disciplina? Pero si se os deja sin disciplina, de la cual todos han sido participantes, entonces sois bastardos, y no hijos. Por otra parte, tuvimos a nuestros padres terrenales que nos disciplinaban, y los venerábamos. ¿Por qué no obedeceremos mucho mejor al Padre de los espíritus, y viviremos? Y aquéllos, ciertamente por pocos días nos disciplinaban como a ellos les parecía, pero éste para lo que nos es provechoso, para que participemos de su santidad. Es verdad que ninguna disciplina al presente parece ser causa de gozo, sino de tristeza; pero después da fruto apacible de justicia a los que en ella han sido ejercitados.

Hebreos 12:5-11

P ADRE:

Tú eres benigno y paciente con mis fracasos. Gracias por amarme tanto que me corriges cuando lo necesito. Me traes de vuelta a una relación correcta contigo, y me muestras cómo vivir en tu voluntad para que pueda experimentar toda tu bondad.

Enséñame cómo disciplinar a mi hija. Con frecuencia me preocupo mucho de que me agrade, y la corrijo por interrumpir mis planes o preferencias. Ayúdame a guiarla a agradarte a ti en lugar de solo a mí. Muéstrame lo que necesita corrección en su vida para que pueda enseñarle tus caminos. Usa mi disciplina para guardarla de tropezar y ser vencida por el pecado.

Muéstrame cómo disciplinarla con amor. Que mis palabras estén llenas de verdad y misericordia. Que las consecuencias de sus acciones sean justas y correctas. Ayúdame a ser gentil y proteger su corazón incluso cuando le pido cuentas por su comportamiento.

Ayuda a mi hija a recibir corrección con un espíritu humilde. Suaviza su corazón para que pueda admitir sus faltas. Que su amor por ti genere arrepentimiento, y que su amor por mí genere confianza de que estoy de su lado.

Usa los momentos de corrección como una manera de vincularnos. Hazme su ayudante a medida que ella aprende a seguirte en cada área de su vida. Dame un espíritu perdonador en caso de que me decepcione o me ofenda para que no se acumule resentimiento entre nosotros. Dale un espíritu generoso hacia mí incluso si mis decisiones son difíciles de entender para ella.

Cúbrenos con tu gracia. Que nos despojemos "de todo peso y del pecado que nos asedia" (Hebreos 12:1) para que podamos crecer en fe y volvernos más como Jesús. Amén.

45

CUANDO NECESITE MODESTIA

Vuestro atavío no sea el externo de peinados ostentosos, de adornos de oro o de vestidos lujosos, sino el interno, el del corazón, en el incorruptible ornato de un espíritu afable y apacible, que es de grande estima delante de Dios. Porque así también se ataviaban en otro tiempo aquellas santas mujeres que esperaban en Dios.

1 Pedro 3:3-5

Engañosa es la gracia, y vana la hermosura; la mujer que teme a Jehová, ésa será alabada.

Proverbios 31:30

PADRE:
El mundo está enviando un mensaje destructivo a mi hija, que debería atraer tanta atención a sí misma como sea posible por su apariencia. Las jóvenes son animadas a vestirse como mujeres mucho mayores. O peor, son presionadas a verse sensuales en lugar de femeninas y hermosas como Tú las creaste.

Los medios presentan ejemplos confusos de cómo mi hija debería presentarse. Implican que debería enfocarse en la moda, la imagen y el estilo o arriesgarse a la inferioridad y el rechazo. Se le da la impresión de que será amada por su sensualidad más que por su espíritu y personalidad. Se le dice que tiene que ser muy extrovertida y llamar la atención para ser notada.

Guarda la mente de mi hija de esas mentiras. Que esté contenta con agradarte en todos los aspectos, incluyendo su apariencia física.

Dale paz y seguridad en ti para que sea libre de ser modesta, gentil y callada. Que su preocupación sea deleitar a su Padre celestial en lugar de atraer la mirada de quienes no la aman como Tú.

Ayuda a mi hija a poner su energía en desarrollar su ser interior, buscar sabiduría, gentileza y alegría. Permite que su modestia y dulzura revele lo hermoso que eres en su vida. Gracias por darle a mi hija un valor incalculable como tu hija. Amén.

Sus fracasos

Porque siete veces cae el justo, y vuelve a levantarse; mas los impíos caerán en el mal.

Proverbios 24:16

Resuma la vida de Jesús por cualquier otro estándar que no sea el de Dios, y es un fracaso anticlímax.

Oswald Chambers[7]

La mayoría de nosotros en algún punto somos golpeados por el temor al fracaso. Nuestra identidad queda tan envuelta en nuestro éxito que invertimos toda nuestra energía y atención en avanzar. Sentimos que debemos obtener el papel, entrar al equipo, ir a la universidad de nuestra elección, encontrar nuestro empleo soñado, casarnos con el compañero más deseable y nunca parar hasta obtener nuestra pasión en la vida. Nos sentimos tan impulsados por tenerlo todo que pelearemos por ello a cualquier costo.

Una vez que nos volvemos padres, ponemos ese mismo tipo de presión en nuestras niñas. Nuestra hija puede creer que el secreto de la vida (y el camino a ganar el corazón de sus padres) es encontrar la manera de ser la mejor. ¿Cómo describe sus fracasos? ¿Dice: "¿Creo que eso no me salió demasiado bien, pero lo seguiré intentando y quizá salga mejor la próxima vez", o calumnia su propio carácter con: "¡Soy tan perdedora! Nunca lo voy a poder hacer bien!"? Sus palabras pueden revelar lo que cree en su corazón acerca de dónde proviene su valor.

Como padres, necesitamos permitir que nuestras hijas conozcan algunas cosas. Primero, el fracaso es universal: "Por cuanto todos pecaron, y están destituidos de la gloria de Dios" (Romanos 3:23). Cada persona en el planeta traicionará su propia conciencia y hará lo malo. No podemos esperar perfección hasta que Jesús regrese y termine su obra de renovarnos. Hasta entonces, necesito hacerle saber a mi hija que siempre podrá encontrar perdón conmigo y el Señor. Mi oración es que se apropie de la verdad de que "ninguna condenación hay para los que están en Cristo Jesús" (Romanos 8:1).

Lo segundo a enseñarle a nuestras hijas es que el fracaso nunca es un desperdicio. Dios promete tomar cada situación y hacer que "todas las cosas les ayudan a bien, esto es, a los que conforme a su propósito son llamados" (Romanos 8:28). Algunas veces aprendemos de la manera más difícil. Mi hija no siempre hace su tarea o limpia su habitación solo porque sus padres se lo ordenan. Ella quizá necesite una mala calificación en un examen o un iPad perdido en el desorden de su armario para aprender autodisciplina y obediencia.

Por último, nuestras hijas necesitan saber que no vamos a rescatarlas de cada fracaso. Eso puede ser difícil para los padres porque nos encanta ser los héroes. Si la "ayudo" a terminar el informe de un libro por medio de tomar el asunto en mis manos y escribirlo yo mismo, estoy poniendo en entredicho mi integridad y obstaculizando su educación. Si pago los cargos adicionales en la factura del teléfono porque no se conformó con su límite de datos, estoy evitando que aprenda a ser responsable. Si muevo las palancas para hacerla obtener un lugar en el equipo aunque no haya pasado las pruebas, fomento un sentido egoísta de merecerlo todo. Algunas veces necesito hacerme a un lado para que Dios pueda usar los fracasos de mi hija para hacerla crecer en madurez.

Nuestras hijas necesitan estar convencidas de que el amor no es algo que se gana. Estamos programados para tratar de esforzarnos por el favor de Dios a través de un buen comportamiento. Caemos en vivir por un conjunto de reglas para sentirnos justos, en lugar de confiar en la obra de Jesús en la cruz para justificarnos delante de Dios. Yo hago lo mismo con mi hija: obedéceme, agrádame, impresióname y te daré afecto y atención. Falla y verás mi desaprobación mientras te mantengo a raya. Dios se quiere revelar a mi hija por medio de mi propio amor incondicional. Cuando soy perdonador de mi hija sin importar cuánto haya caído, ella ve el misericordioso amor de Dios justo frente a sus ojos.

No amo a mi hija porque sea asombrosa (¡aunque pienso que lo es!). La amo porque es mía. Dios no nos ama porque seamos perfectos. Nos ama porque somos su pueblo escogido, creado para estar con Él para siempre. Démosles a nuestras hijas la gracia de fracasar sin el temor de perder nuestro corazón.

46

CUANDO NECESITE SERVIR

Pero no será así entre vosotros, sino que el que quiera hacerse grande entre vosotros será vuestro servidor, y el que de vosotros quiera ser el primero, será siervo de todos. Porque el Hijo del Hombre no vino para ser servido, sino para servir, y para dar su vida en rescate por muchos.

Marcos 10:43-45

Amaos los unos a los otros con amor fraternal; en cuanto a honra, prefiriéndoos los unos a los otros. En lo que requiere diligencia, no perezosos; fervientes en espíritu, sirviendo al Señor; gozosos en la esperanza; sufridos en la tribulación; constantes en la oración; compartiendo para las necesidades de los santos; practicando la hospitalidad.

Romanos 12:10-13

Y de hacer bien y de la ayuda mutua no os olvidéis; porque de tales sacrificios se agrada Dios.

Hebreos 13:16

Padre:
     ¡Gracias por darnos nueva vida! Nos rescataste del camino sin esperanza de solo vivir para nosotros mismos. Nos has dado propósito y significado al servir y amar a los que están a nuestro alrededor.

Enséñale a mi hija lo que significa ser una sierva. Revélale el misterio de que poner a los demás primero y mostrar generosidad termina trayéndonos una satisfacción increíble. Profundiza su conocimiento de Cristo a medida que vea a los cristianos servir y sacrificarse por otros.

Dale a mi hija manos abiertas para compartir lo que quiera. Suaviza su corazón hacia los que tienen luchas; crea un espíritu compasivo que la inste a ir a ayudar. Tráele oportunidades para practicar la hospitalidad y dar.

Usa nuestro hogar como un lugar para aprender estos valores. Úsame como un ejemplo, por la manera en que invito a los demás a compartir las comidas con nosotros y por buscar maneras de ayudar a nuestro prójimo. Muéstrame donde dar y servir a tu pueblo de modo que mi hija pueda ver mi fe en acción.

Haznos dispuestos a rendir nuestras propias comodidades

y conveniencia para ayudar a cualquiera que traigas a nuestro camino. Guárdanos de retener cualquier cosa que puedas pedir que te demos, para tu gloria. Amén.

47

CUANDO PUEDA COMPARTIR SU FE

Porque no me avergüenzo del evangelio, porque es poder de Dios para salvación a todo aquel que cree; al judío primeramente, y también al griego.

Romanos 1:16

Vosotros sois la luz del mundo; una ciudad asentada sobre un monte no se puede esconder.

Ni se enciende una luz y se pone debajo de un almud:

Mateo 5:14-16

Sino santificad a Dios el Señor en vuestros corazones, y estad siempre preparados para presentar defensa con mansedumbre y reverencia ante todo el que os demande razón de la esperanza que hay en vosotros.

1 Pedro 3:15

SEÑOR:
Tú has prometido que algún día: "En el nombre de Jesús se doble toda rodilla de los que están en los cielos, y en la tierra, y debajo de la tierra; y toda lengua confiese que Jesucristo es el Señor, para gloria de Dios Padre" (Filipenses 2:10-11). Anhelamos que llegue ese día para ver a toda la humanidad declarar que eres

digno de alabanza. Rompe nuestro corazón que tantos a nuestro alrededor nunca han escuchado de tu amor y están perdidos, sin esperanza o un futuro.

Ayuda a mi hija a descubrir el poder del evangelio. Que tu salvación la transforme y la llene con tu luz. Que su vida te traiga alabanza a medida que vive y ama como Jesús. Dale tanto gozo de ser tu hija que se derrame en todos los que conozca.

Dale a mi hija la confianza de hablar de Aquel en quien confía. Que te alabe cuando sucedan cosas buenas cada día. Que te dé la gloria de sus éxitos a medida que le das fuerzas. Que exprese tu paz y esperanza incluso en tiempos difíciles, sabiendo que estás en control y que harás que todo le ayude a bien al final. Que esté lista para explicar su devoción a ti cuando otros cuestionen sus decisiones.

Dale compasión por los amigos y familiares que no te conocen. Enséñale a orar con persistencia por su salvación, creyendo que te moverás por medio de sus oraciones. A medida que cuida de los que están a su alrededor, que experimente una probada de los mucho que te preocupas por ellos también.

Gracias por amar tanto este mundo. No te alejes, sino continúa haciendo brillar tu luz en los lugares más oscuros. Que mi hija y yo hagamos brillar nuestra luz delante de todos sin retenerla. Ven pronto, Señor Jesús. Amén.

48

CUANDO SEA ÚNICA Y ESPECIAL

Instruye al niño en su camino, y aun cuando fuere viejo no se apartará de él.

Proverbios 22:6

Oh Jehová, tú me has examinado y conocido. Tú has conocido mi sentarme y mi levantarme; has entendido desde lejos mis pensamientos. Has escudriñado mi andar y mi reposo, y todos mis caminos te son conocidos.

Salmos 139:1-3

PADRE:

Tú conoces el dolor de mi hija muy íntimamente. Sabes lo que la motiva a actuar. Qué dones y talentos están en espera de desarrollarse. Si es una persona que prefiere las mañanas o las noches. Lo introvertida o extrovertida que es en medio de un grupo. Los sabores de helado y las variedades de animales que disfruta. Cómo le gusta expresarse. Cuáles son sus sueños para el futuro. Tú la conoces incluso mejor que yo.

Dame la percepción para conocer a mi hija más y más cada día, Ayúdame a entenderla bien para que pueda dirigirla en el camino que sea el correcto para su personalidad única. Hazme un estudiante de mi hija para escuchar, observar y disfrutar cada cualidad que has creado en su maravilloso ser.

Guárdame de tratar de formarla en quien yo quiero que sea. Si ella es una atleta en lugar de una música, que yo esté dispuesto a apoyarla de todo corazón. Si ella es callada y reservada, que yo esté en paz incluso si no es el centro de la atención. Si es creativa y artística, dame paciencia cuando batalle con las matemáticas en sus deberes escolares.

Recuérdame de continuo que mi hija fue hecha a tu imagen, no la mía. Ayúdame a valorar lo que has creado incluso en los aspectos en que somos diferentes. Lléname de gracia para mi hija, para que pueda amarla y apreciarla con todo mi corazón. Gracias por amarnos plenamente, tal como somos. Amén.

Una historia de oración

Me especialicé en matemáticas en la universidad. Me gustan las fórmulas. Me gusta poder resolver problemas con técnicas probadas y comprobaciones. Me gustan las respuestas concisas, elegantes y limitadas. De manera irónica, en mi breve tiempo aquí en este planeta, he aprendido con rapidez que por lo menos dos cosas no caben bien en fórmulas lindas y prolijas: la vida y las hijas. Además, si usted ha escogido confiar en el Dios de la Biblia, entonces deberá estar dispuesto a aceptar en ciertas ocasiones no comprender por qué suceden ciertas cosas. Estos problemas son bastante difíciles para los especialistas en matemáticas.

Mi hija está creciendo y se convierte con rapidez en una hermosa joven mujer. Es compasiva, competente, atractiva, generosa, tipo A y lista para enfrentar el mundo. Siendo una joven bailarina consumada, es extremadamente hermosa de ver, lo cual se le ha dicho a lo largo de los años. En el exterior parece que la mayoría de las cosas le están saliendo bien y que la vida se ha vuelto bastante fácil para ella. En algunos aspectos, eso es cierto. No obstante, sería ingenuo creer que "todo" le está yendo bien a una joven adolescente sin importar cómo se vea por fuera. Además, algunas veces la vida nos hace unos lances terribles que hacen que flaqueen nuestras rodillas y sacuden nuestra confianza. Este lanzamiento vino directo contra mi hija, de la nada, y le presentó desafíos no previstos. He orado por el corazón, la salud, el desarrollo y la identidad de mi hija desde el día en que nació. De la misma manera en que la vida de mi hija estaba a punto de cambiar, mis oraciones por ella estaban a punto de cambiar de forma dramática también.

Como mencioné previamente, mi hija es una bailarina consumada y sueña con bailar de manera profesional. Lamentablemente, en un intervalo de catorce meses se lesionó el tobillo de manera severa, perseveró a lo largo de tres meses de visitas a médicos con diagnósticos no concluyentes, se sometió a cirugía, se perdió la presentación principal de su estudio, asistió al funeral de su querida bisabuela, rehabilitó su tobillo y volvió al baile, y luego se volvió a lesionar el tobillo. Los pensamientos de: *¿Alguna vez iré a sanar?*, comenzaron a infiltrarse y a sacudir su confianza.

En medio de este calvario, en una serie de eventos extraños, quien fuera su mejor amiga durante diez años tuvo un paro cardiaco inesperado antes de una carrera de preparación de campo traviesa. La versión corta de la larga historia es que el cerebro de su amiga se quedó sin oxígeno por un cálculo conservador de diez a quince minutos; podría haber sido más. Fue llevada de inmediato a un hospital infantil cercano con mi hija y mi esposa siguiéndola muy de cerca. Mi hija pasó la siguiente semana en la sala de espera y otros rincones de la clínica para esperar a que le dijeran si su mejor amiga iba a vivir o a morir; no cuándo podría recuperarse, sino si iba a sobrevivir. Pero por si eso fuera poco, si sobrevivía, faltaba conocer la extensión del daño cerebral que podría existir. Ni siquiera puedo comenzar a imaginar la severidad de las emociones e incertidumbre que enfrentó mi hija durante este tiempo, en especial como una joven adolescente.

De milagro, la amiga de mi hija sobrevivió. Se determinó que tenía un problema cardiaco genético y que no había manera de haber conocido de su condición anteriormente. Además, se recuperó sin daño cerebral aparente. De hecho, a la noche siguiente estaba en nuestra casa para la cena y contando chistes. Ella es un milagro andante literalmente.

En medio de la alegría de la recuperación de su amiga, mi hija comenzó a experimentar señales de trastorno de estrés postraumático (TEPT), el cual se desarrolló durante esa semana en el hospital. Siendo un papá que funciona mejor con fórmulas, control y respuestas contenidas, batallé poderosamente para encontrar esperanza para mi hija que pronto cumpliría dieciséis años mientras enfrentaba la posibilidad de que sus sueños como bailarina quedaran destrozados, además de estar sufriendo problemas de identidad, la pérdida de su bisabuela, la pérdida potencial de su mejor amiga y ahora TEPT.

La oración es algo gracioso. Sigo batallando con el concepto de orar a un Dios omnipotente que nos pide que traigamos nuestras peticiones delante de Él. Superar esa tensión obvia es desafiante para un exespecialista en matemáticas. Pero cuando los proyectiles comenzaron a pasar zumbando cerca de la cabeza de mi hija, de inmediato caí sobre mis rodillas para rogar por su alivio y esperanza. Mis oraciones originales por mi hija continúan, pero ahora son un poco distintas. Oro más porque su corazón comprenda que Dios es digno de confianza incluso cuando no tenemos idea de por qué suceden cosas terribles. Pido para que regrese su fuerte salud y para que se cumplan los sueños de su niñez, pero también oro por contentamiento a pesar de las circunstancias. Y sobre todo, oro para que tenga una comprensión sólida y firme de su identidad en Jesús para que pueda abrazar todo lo que la vida tiene que ofrecer.

En muchas maneras, Dios ha respondido tanto en estas circunstancias más dramáticas como a lo largo del tiempo. Al parecer, de continuo nos pregunta: "¿Confías en mí?", y algunas veces en medio del dolor y de grandes malentendidos, se queda en silencio. Luego, de pronto, somos testigos de un rayo de esperanza —o incluso de un milagro— que nos recuerda quién es Él. Con frecuencia he pensado que cuando no siento cerca de Dios suele ser no porque Él se haya alejado, sino porque yo lo he hecho. En mi experiencia Dios es digno de confianza incluso cuando no tenemos la claridad de por qué suceden las cosas.

Navegar por los años de la adolescencia pocas veces es fácil. La vida en general es desordenada, y muchas veces no existen respuestas fáciles y contenidas. Es durante estas temporadas que la fe tiene la oportunidad de estirarse y crecer, algunas veces de manera dolorosa, para que tengamos un entendimiento más claro de quién es Dios. De la misma manera en que mi hija crece, yo también. Ambos aprendemos a enfrentar con valentía y confianza en Dios los lances que nos hacen flaquear.

Tracy Sims, *pastor asociado, Grace Community Fellowship, Eugene, Oregon*

49

CUANDO USE LA INTERNET

Sed sobrios, y velad; porque vuestro adversario el diablo, como león rugiente, anda alrededor buscando a quien devorar.

1 Pedro 5:8

Con arrogancia el malo persigue al pobre; será atrapado en los artificios que ha ideado [...] Acecha en oculto, como el león desde su cueva; acecha para arrebatar al pobre; arrebata al pobre trayéndolo a su red. Se encoge, se agacha, y caen en sus fuertes garras muchos desdichados. Dice en su corazón: Dios ha olvidado; ha encubierto su rostro; nunca lo verá.

Salmos 10:2, 9-11

El que habita al abrigo del Altísimo morará bajo la sombra del Omnipotente. Diré yo a Jehová: Esperanza mía, y castillo mío; mi Dios, en quien confiaré. El te librará del lazo del cazador,

de la peste destructora. Con sus plumas te cubrirá, y debajo de
sus alas estarás seguro; escudo y adarga es su verdad.

Salmos 91:1-4

SEÑOR:
    La internet ofrece un increíble medio de encontrar infor-
mación sobre cualquier tema posible. Lo podemos usar para
conectarnos de manera instantánea con seres queridos alrededor
del mundo. Podemos compartir nuestras experiencias cotidianas
por medio de las redes sociales y disfrutar cualquier tipo de música
imaginable al utilizar la radio en línea. También es un medio maravilloso para compartir el evangelio con los que no tienen acceso a
la Escritura o a predicaciones de otra fuente.

A pesar de la variedad de beneficios que ofrece la internet, se
presentan riesgos significativos para mi hija cuando entra en línea.
Ella podría experimentar chisme, rechazo y acoso. Podría quedar
expuesta a la pornografía sin siquiera buscarla. Los anunciantes
podrían crear un falso sentir de necesidad y fomentar el materialismo. Los depredadores podrían tratar de atraer a mi hija a una
explotación sexual impensable.

Protege a mi hija de estos peligros. Dale la sabiduría de saber
cómo usar la internet de manera segura. Guárdala de crear cone-
xiones con cualquiera que podría traer dolor o daño. Guarda sus
ojos de cualquier cosa que pudiera robar su inocencia. Enséñale a
refrenarse al compartir información personal en línea.

La computadora podría ser una trampa que la atraiga durante
horas, para robarle sus días y mantenerla aislada de nuestra familia. Dame la sabiduría de saber qué límites establecer, y dale un
corazón sumiso para aceptar esos límites. Genera apertura entre
nosotros para que no guarde contactos o experiencias en línea que
sean secretos. Ayúdame a conocer las mejores maneras de apoyarla
y protegerla a medida que expande su mundo.

Gracias por tu gran amor por mi hija. Gracias por cuidar de ella
a cada momento. Sigue bendiciéndola con tu presencia y ayuda en
toda situación. Amén.

50

CUANDO SUEÑE CON EL FUTURO

Deléitate asimismo en Jehová, y él te concederá las peticiones de tu corazón. Encomienda a Jehová tu camino, y confía en él; y él hará. Exhibirá tu justicia como la luz, y tu derecho como el mediodía.

Salmos 37:4-6

Encomienda a Jehová tus obras, y tus pensamientos serán afirmados [...] El corazón del hombre piensa su camino; mas Jehová endereza sus pasos.

Proverbios 16:3, 9

Fíate de Jehová de todo tu corazón, y no te apoyes en tu propia prudencia. Reconócelo en todos tus caminos, y él enderezará tus veredas.

Proverbios 3:5-6

PADRE:
Uno de los aspectos más emocionantes de crecer es soñar acerca del futuro. Mi hija imagina todas las carreras que podría seguir, a dónde podría viajar, el tipo de persona con la que podría casarse y los talentos y pasatiempos que podría desarrollar.

Es maravilloso saber que Tú también tienes sueños para ella. Ya tienes un sendero en mente para su vida. La has creado con dones y talentos y ya conoces las oportunidades que vendrán para que las aproveche.

Dale a mi hija fe para creer en tu sabiduría y bondad. Ayúdala a buscarte primero a medida que considera diferentes metas y planes.

Enséñale que ella puede confiar en ti; seguir tu camino le traerá más alegría y satisfacción que cualquier sueño que ella podría crear por su cuenta.

Úsame como un ejemplo de alguien que te sigue en la vida. Que yo espere antes de iniciar cualquier plan de acción. Hazme una persona de oración a medida que considero cada oportunidad y decisión que enfrento. Dame confianza y entusiasmo cuando abras una puerta a una nueva experiencia para que pueda ver que seguirte es emocionante.

Que mi hija y yo te amemos, tus caminos y tu voluntad sobre todo. Ayúdanos a buscarte de todo corazón y a rendir nuestros futuros a tu control. Gracias que no tenemos que solucionar la vida por nuestra cuenta. Podemos confiar en ti y enfrentar cada nuevo día con confianza, sabiendo que vas delante de nosotros y que caminas con nosotros a cada paso del camino. Amén.

51

CUANDO NECESITE
MI INFLUENCIA

Oye, hijo mío, la instrucción de tu padre, y no desprecies la dirección de tu madre; porque adorno de gracia serán a tu cabeza, y collares a tu cuello [...] Oye a tu padre, a aquel que te engendró; y cuando tu madre envejeciere, no la menosprecies.

Proverbios 1:8-9; 23:22

Oye, hijo mío, y recibe mis razones, y se te multiplicarán años de vida. Por el camino de la sabiduría te he encaminado, y por veredas derechas te he hecho andar. Cuando anduvieres, no se estrecharán tus pasos, y si corrieres, no tropezarás. Retén el consejo, no lo dejes; guárdalo, porque eso es tu vida.

Proverbios 4:10-13

SEÑOR:
Muchas voces compiten por el oído de mi hija en busca de influenciar sus opiniones, valores y metas. Tendrá profesores, amigos, entrenadores, personalidades de la televisión y todo tipo de medios que querrán hablar a su vida. Algunas de estas voces la alentarán a independizarse y crecer demasiado rápido. Podrían devaluar tu verdad. Podrían aconsejarle a confiar en su propia prudencia inmadura en lugar de mi instrucción o enseñanza como su padre.

En medio de todo el "ruido", por favor, preserva mi influencia sobre la mente y el corazón de mi hija. Tú le proveíste un padre que la ama y que está listo a dejar cualquier cosa por su bienestar. Deseo compartir mi ayuda, conocimiento y fe a medida que ella navega el camino hacia la edad adulta.

Mantén su corazón suave hacia mí. Protege nuestra relación de la distancia o la división. Mantennos en tan buena comunicación que podamos hablar de sus desafíos cotidianos. Que esté firmemente parada en tu sabiduría y verdad para que pueda reconocer los consejos insensatos cuando se le presenten.

Dame gentileza y dominio propio para que no la aliene. Hazme una persona de integridad para que pueda poner su confianza en mí. Guárdame de cualquier comportamiento o decisión que podría arruinar mi credibilidad e influencia en su vida. Sobre todo, hazme amoroso como Tú para que siempre se sienta apreciada y segura.

Gracias por mi hija. Es un privilegio que me llena de humildad ser su padre. Te pido que yo sea fiel con ella en todo. Bendícenos y guárdanos en ti. Amén.

52

CUANDO NECESITE CONSUELO

Bendito sea el Dios y Padre de nuestro Señor Jesucristo, Padre de misericordias y Dios de toda consolación, el cual nos consuela en todas nuestras tribulaciones, para que podamos también nosotros consolar a los que están en cualquier tribulación, por medio de la consolación con que nosotros somos consolados por Dios.

2 Corintios 1:3-4

En Jehová se gloriará mi alma; lo oirán los mansos, y se alegrarán [...] Busqué a Jehová, y él me oyó, y me libró de todos mis temores [...] Cercano está Jehová a los quebrantados de corazón; y salva a los contritos de espíritu.

Salmos 34:2, 4,18

P ADRE:
¡Algunas veces tenemos "un día terrible, horrible, malo, muy malo"! Tenemos un dolor de cabeza. Reprobamos un examen. Perdemos nuestro teléfono, nuestras llaves e incluso nuestro coche en el estacionamiento. Manchamos nuestra camisa favorita con el almuerzo. Olvidamos una cita o decepcionamos a alguien que contaba con nosotros. O nos decepcionan y nos sentimos traicionados. Hacemos el ridículo frente a nuestros compañeros. Nuestro saldo bancario llega a cero antes de pagar las cuentas. Los planes divertidos del fin de semana se estropean al último minuto. Iniciamos una discusión sin importancia que arruina el humor en la casa durante días.

En los momentos en que sentimos que nada está saliendo bien, te pido que le muestres a mi hija el gran Consolador que eres. Enséñale a acudir a ti con cada pequeña lucha en lugar de buscarte solo en una crisis. Muéstrale que estás a su lado a cada momento. Ayúdala a depender de ti de modo que los desafíos diarios no la detengan ni roben su gozo. Dale una valentía que guarde su corazón de temor.

Señor, a medida que ella descubra tu ayuda y compasión, úsala para alentar a los que están a su alrededor. Cuando se recupere de una decepción gracias a tu consuelo, usa su espíritu alegre para levantar a los que estén en apuros. Dale un corazón agradecido que genere una perspectiva gozosa, llena de esperanza; ella traerá tu luz a los que estén sufriendo en la oscuridad.

Gracias por la compasión que muestras cada vez que estamos en dolor. Nos rescatas de temor y desaliento. Cuando sentimos que no podemos continuar, nos compartes tu esperanza y tu fuerza para que podamos pasar otro día. Ayúdanos a compartir tus dones de ayuda y consuelo para que todos puedan conocer tu gran amor. Amén.

53

CUANDO ESTÉ DEPRIMIDA

Se deshace mi alma de ansiedad; susténtame según tu palabra.
Salmos 119:28

El corazón alegre constituye buen remedio; mas el espíritu triste seca los huesos.
Proverbios 17:22

Jehová Dios mío, a ti clamé, y me sanaste [...] Has cambiado mi lamento en baile; desataste mi cilicio, y me ceñiste de alegría. Por tanto, a ti cantaré, gloria mía, y no estaré callado. Jehová Dios mío, te alabaré para siempre.

Salmos 30:2, 11-12

PADRE:
   La vida es dolorosa. Somos heridos por la pérdida, la decepción o la traición de alguien en quien confiamos. Experimentamos fatiga aplastante o agotamiento. Un sueño o una esperanza que tuvimos durante largo, largo tiempo, llega a nada.

Señor, es natural para mi hija sufrir cuando pasa por esos tipos de experiencias. No obstante, te pido que no quede atrapada por emociones negativas que roben su gozo. Protege el corazón y la mente de mi hija de desaliento y depresión.

Guarda los pensamientos de mi hija de enfocarse en su dolor. En lugar de ello, ayúdala a recordar sus bendiciones y ver todo lo bueno en su vida. Ayúdala a reconocer lo mucho que es amada. Cuan valorada es por su familia y amigos. Cómo sus problemas son temporales y que hay nuevas posibilidades esperando a la vuelta de la esquina.

Guarda a mi hija de un espíritu negativo y quejumbroso. Llénala de esperanza sobre el futuro. Ayúdala a avanzar más allá de sus heridas y decepción y a confiar en que suplirás sus necesidades. Que encuentre paz y contentamiento en saber que la amas y que nunca la dejarás. Dale un gozo verdadero que sea mayor que gozar de circunstancias felices; que confíe en tu fidelidad y bondad todos los días de su vida.

Gracias por sacarnos adelante de todo dolor y lucha. Eres nuestra vida y esperanza. Amén.

54

CUANDO NECESITA HUMILDAD

Digo, pues, por la gracia que me es dada, a cada cual que está entre vosotros, que no tenga más alto concepto de sí que el que debe tener, sino que piense de sí con cordura, conforme a la medida de fe que Dios repartió a cada uno.

Romanos 12:3

Nada hagáis por contienda o por vanagloria; antes bien con humildad, estimando cada uno a los demás como superiores a él mismo.

Filipenses 2:3

Igualmente, jóvenes, estad sujetos a los ancianos; y todos, sumisos unos a otros, revestíos de humildad; porque: Dios resiste a los soberbios, y da gracia a los humildes. Humillaos, pues, bajo la poderosa mano de Dios, para que él os exalte cuando fuere tiempo.

1 Pedro 5:5-6

PADRE:
¡Mi hija está bajo una presión constante para ser asombrosa! Mucho de su vida gira alrededor del desempeño, de ser excelente en cada clase y actividad en las que participa. Su valía propia podría quedar enredada entre sus notas escolares, popularidad y logros.

Podría ser fácil para mi hija encontrar su identidad en desempeñarse bien para otros y establecer sus metas en esa dirección. Ella podría quedar atrapada en la trampa de compararse con las niñas a su alrededor. Si tiene éxito, podría sentirse superior a sus amigos y compañeros de clase, y si no, podría sentirse insegura o albergar envidia. Ayuda a mi hija a enfocarse en agradarte más que a nadie más. Ayúdala a usar sus dones para tu gloria más que para la de ella. Si destaca en una clase, deporte o arte, ínstala a usar esa habilidad para ayudar a otros a crecer en fuerza. Enséñala a animar a otros y a celebrar sus victorias en lugar de anhelar atención para sí misma. Si recibe alabanza o premios, que te agradezca por habilitarla a hacerlo tan bien.

Si mi hija descubre que no puede ser la mejor sin importar lo duro que lo intente, ayúdala a encontrar paz. Dale contentamiento en cómo fue creada. Muéstrale que, aunque quizá tenga limitaciones en ciertos aspectos, Tú con toda seguridad le has dado talentos en aspectos que saldrán a la luz con el tiempo. Ayúdala a apreciar los éxitos de sus amigos y hermanos en lugar de caer en envidia o resentimiento.

Gracias por guardar el corazón de mi hija de orgullo y vergüenza. Que un espíritu humilde y amoroso bendiga a todos los que conoce. Que conozca tu paz a medida que trabaja y crece en la vida como tu hija. Amén.

Su protección

Nos preocupa demasiado la seguridad. Estamos de hecho obsesionados con ella. Ahora bien, no digo que esté mal pedir por la protección de Dios, pero cuestiono la manera en que hemos hecho de la seguridad nuestra prioridad más alta. Hemos elevado la seguridad a costa de descuidar lo mejor de Dios, sea lo que sea.

Francis Chan[8]

Si soy honesto, no sé cómo relacionarme con mi hija. No estoy seguro de cómo suplir todas sus necesidades. Puede ser confuso entender cómo debe ser nuestra relación. Pero a pesar de mis inseguridades, creo que los padres saben cómo proveer y proteger. Tenemos un impulso interno por refugiar a nuestras hijas de cualquier daño, y queremos ser sus héroes.

Cuando veo a mi alrededor y veo todas las amenazas a la seguridad de mi hija, puede ser abrumador. Los encabezados describen violencia, depredadores sexuales, viruses fuera de control, una economía tambaleante y un sistema educativo roto. Más cerca de casa, puede sufrir de enfermedad, la traición de sus amigas, acoso, fracaso académico y sus propios errores y tentaciones. Es difícil sentirse impotente de protegerla contra cada peligro a su bienestar.

Alabo a Dios de que podemos llevar todas nuestras preocupaciones y temores a Él. Su Palabra me alienta cuando dice: "Esforzaos y cobrad ánimo; no temáis, ni tengáis miedo de ellos, porque Jehová tu Dios es el que va contigo; no te dejará, ni te desamparará" (Deuteronomio 31:6). Él promete ser poderoso para salvar, una torre fuerte, una ayuda siempre presente en la tribulación y el defensor de los débiles. Con el Dios del universo de nuestro lado: "No temeré lo que me pueda hacer el hombre" (Hebreos 13:6).

Soy alentado porque incluso cuando las dificultades y las crisis vienen a nuestro camino, Dios promete que el dolor no será un desperdicio. Usará cada prueba para hacer crecer nuestra fe y enseñarnos a perseverar. Descubriremos partes de Él que nunca conocimos antes: su consuelo, compasión y fuerza en cada situación. Sé cuando veo a mi hija en dolor que desearía tomarlo por ella. Preferiría ser herido yo mismo que verla sufrir. Saber que Dios está con nosotros a cada instante, tomando lo que el enemigo piensa para mal y haciendo que ayude a bien, tranquiliza mi mente y me ayuda a encontrar paz.

El verdadero campo de batalla cuando se trata de proteger a mi hija es mi deseo de control. Quiero mantener todo preciso, crear una seguridad perfecta para mis hijos. No importa cuantas reglas y restricciones ponga en la vida de mi hija, ella nunca estará completamente segura. Solo encuentro reposo cuando acepto la autoridad de Dios sobre nuestra vida. Daniel 4:34-35 me da la perspectiva correcta cuando dice: "Glorifiqué al que vive para siempre, cuyo dominio es sempiterno, y su reino por todas las edades. Todos los habitantes de la tierra son considerados como nada; y él hace según su voluntad en el ejército del cielo, y en los habitantes de la tierra, y no hay quien detenga su mano, y le diga: ¿Qué haces?". Si recuerdo que el Señor es Dios y yo no, puedo poner a mi hija en sus manos y soltarle su futuro a Él.

Soy responsable por establecer límites alrededor de mi hija con la sabiduría que Dios me ha dado. Me usa como su mano de protección para ella. Es importante ser gobernado por el Espíritu y no por mis propios temores cuando se trata de establecer límites. A medida que crece y se vuelve más independiente, no siempre tendré el discernimiento de saber qué tan tarde debería estar fuera, o si está lista para el curso de manejo, qué amigos podrían ser una influencia negativa o si el currículo de su escuela contradice los valores que se le han enseñado. Por medio de la oración encontramos la ayuda de Dios para tomar estas decisiones difíciles. No quiero hacer reglas solo por copiar las decisiones de otros padres, por transmitirle a mi hija los hábitos con los que fui criado o por tratar de hacer a mi hija como yo. A veces necesito la ayuda de Dios para saber cómo liderar mejor y proteger a mis hijos.

Oremos por la sabiduría de Dios para decirnos cuándo soltar a nuestras hijas y darles más libertad, incluso aunque sea difícil dejarlas ir. Nuestra fe crecerá a medida que le confiamos a Dios más y más su protección. Y oremos por valentía cuando nos pida intervenir y decir no cuando nos revele una amenaza a su seguridad física, emocional o espiritual. Cuando eso suceda quizá pierda un poco de popularidad con mi hija por un tiempo, pero tendré la paz que viene de obedecer a nuestro Padre. Alabado sea Dios que no tenemos que ejercer la paternidad en nuestra propia fuerza y entendimiento. Él es fiel para ayudarnos a cuidar de nuestras hijas a cada paso del camino.

55

CUANDO ADMINISTRE SU DINERO

Porque los que quieren enriquecerse caen en tentación y lazo, y en muchas codicias necias y dañosas, que hunden a los hombres en destrucción y perdición; porque raíz de todos los males es el amor al dinero, el cual codiciando algunos, se extraviaron de la fe, y fueron traspasados de muchos dolores.

1 Timoteo 6:9-10

Mujer virtuosa, ¿quién la hallará? Porque su estima sobrepasa largamente a la de las piedras preciosas [...] Considera la heredad, y la compra, y planta viña del fruto de sus manos. Ciñe de fuerza sus lomos, y esfuerza sus brazos. Ve que van bien sus negocios; su lámpara no se apaga de noche.

Proverbios 31:10, 16-18

Ninguno puede servir a dos señores; porque o aborrecerá al uno y amará al otro, o estimará al uno y menospreciará al otro. No podéis servir a Dios y a las riquezas.

Mateo 6:24

SEÑOR DIOS:

El dinero puede ser una bendición y una trampa al mismo tiempo. Trabajamos duro, y hay una recompensa adecuada para nuestros esfuerzos. Lo usamos para sostener nuestro hogar y suplir nuestras necesidades físicas. Lo compartimos con otros para aliviar el sufrimiento y hacer nuestra obra en el mundo. No obstante, puede traer tentación, y podemos quedar atrapados en pensar que necesitamos más y más riquezas para ser felices.

Te pido que le des a mi hija una perspectiva correcta sobre el dinero. Ayúdala a reconocer tu provisión para sus necesidades y que te alabe. Ayúdala a estar contenta con lo que tiene y a rechazar la mentira de que el dinero puede comprar la felicidad. Protégela de un espíritu de codicia que siempre quiere más y odia compartir.

Dale la sabiduría y la fuerza para trabajar duro y ahorrar sus ganancias. A medida que crece, dale la creatividad y la diligencia para encontrar maneras de desarrollar su cuenta de banco. Que tenga dominio propio para gastar su dinero con sabiduría; guárdala de compras impulsivas que malgastan en lugar de ahorrar.

Dale a mi hija un espíritu generoso para que dé con alegría. Que vea que todo lo que tiene proviene de tu mano. Aunque es sabio ahorrar, guárdala de una mentalidad de acumulación que encuentra seguridad en el saldo bancario en lugar de en ti.

Úsame como un ejemplo en la manera en que manejo mis finanzas. Que yo sea diligente en mi trabajo, consciente de mis gastos, contento con lo que tengo y generoso con todos. Dame un corazón agradecido por todas mis posesiones materiales.

Gracias por proveerme a mí y a mi familia con tanta fidelidad. Que siempre te amemos más allá de las bendiciones que has dado. Amén.

56

CUANDO CONSIDERE TENER UNA CITA

Sobre toda cosa guardada, guarda tu corazón; porque de él mana la vida.

Proverbios 4:23

Huye también de las pasiones juveniles, y sigue la justicia, la fe, el amor y la paz, con los que de corazón limpio invocan al Señor.

2 Timoteo 2:22

Y esto pido en oración, que vuestro amor abunde aun más y más en ciencia y en todo conocimiento, para que aprobéis lo mejor, a fin de que seáis sinceros e irreprensibles para el día de Cristo.

Filipenses 1:9-10

PADRE:
El corazón de mi hija es un tesoro que vale la pena guardar y proteger. La has creado para que sea un regalo hermoso para nuestra familia, sus amigas y cualquier hombre que ella escoja amar algún día.

Enséñale a mi hija a valorar su propio corazón. Ayúdala a guardarlo bien, que no se comparta emocional o físicamente con nadie antes del tiempo adecuado. Dale sabiduría al salir con chicos y a desarrollar amistades basadas en la amabilidad y el respeto. Guárdala de comprometerse con alguien que vaya a destruirla o a robar lo que debería ser guardado para su marido.

Dale a mi hija paz y confianza en tu amor y el mío. Llena su corazón para que no sienta la necesitada de afecto o atención de un muchacho para sentirse valiosa o completa. Ayúdala a mantener sus relaciones en equilibrio para que al salir con alguien no haga a un lado sus amistades o el tiempo en familia.

Que el tiempo de salir con alguien de mi hija la prepare para el matrimonio algún día. Úsalo para enseñarle discernimiento acerca de las cualidades que ella disfruta y valora en los demás. Ayúdala a resistir la presión a comprometerse con demasiada profundidad, demasiado pronto. Que sea cuidada y protegida como una hermana por cualquier joven que quiera pasar tiempo con ella.

Ayúdame a establecer límites sabios alrededor de las experiencias de mi hija al salir con chicos. Danos una relación cercana para que yo tenga voz e influencia en esta área. Ayúdame a tomar decisiones no con base en el temor, sino en tu sabiduría solamente. Enséñame a animar y apoyar a mi hija a medida que crezca y prepare su corazón para su marido. Haz que mi amor por ella sea fiel y lleno de gracia y que establezca un estándar correcto para cómo debería ser amada de por vida.

Gracias por mi hija y su hermoso corazón. Amén.

57

CUANDO NECESITE UNA AMIGA

No os unáis en yugo desigual con los incrédulos; porque ¿qué compañerismo tiene la justicia con la injusticia? ¿Y qué comunión la luz con las tinieblas?

2 Corintios 6:14

El justo sirve de guía a su prójimo; mas el camino de los impíos les hace errar.

Proverbios 12:26

Mejores son dos que uno; porque tienen mejor paga de su trabajo. Porque si cayeren, el uno levantará a su compañero; pero ¡ay del solo! que cuando cayere, no habrá segundo que lo levante. También si dos durmieren juntos, se calentarán mutuamente; mas ¿cómo se calentará uno solo? Y si alguno prevaleciere contra uno, dos le resistirán; y cordón de tres dobleces no se rompe pronto.

Eclesiastés 4:9-12

PADRE:

Navegar por las amistades y las presiones sociales es difícil para mi hija. Su corazón anhela aceptación y un sentido de pertenencia con otras chicas. Es tentador para ella sacrificar relaciones positivas por la causa de ser aceptada.

Te pido que le des el don de la amistad a mi hija. Trae a una chica amable y generosa a su vida quien sea de ánimo. Ayúdala a encontrar una amiga que esté comprometida contigo para que puedan andar juntas en su fe. Permítele tener una amiga con quien pueda ser ella misma y encontrar completa aceptación.

Dale a mi hija y a sus amigas ojos para ver más allá de la superficie, para apreciar la personalidad unas de las otras y el carácter por encima de la apariencia externa. Ayúdalas a vivir conforme a tus estándares; a ser sinceras, libres de chismes, perdonadoras, de buen corazón y puras. Enséñalas a edificarse mutuamente y a mostrar lealtad cuando una pase por un tiempo difícil. Que sean abiertas y amigables con otras y establezcan un ejemplo de bondad para los muchachos a su alrededor.

Dale paciencia a mi hija para esperar a las amigas correctas en lugar de apresurarse a relaciones poco saludables solo para evitar sentirse sola. Dale fuerza para que no siga al montón, sino que se mantenga fiel a lo que sabe que es correcto. Ayúdala a conocerte como su amigo y a ser como Tú en la manera en que se preocupe por los demás.

Gracias por el corazón de mi hija y la bendición que ella es para los que la conocen. Que sea bendecida en sus relaciones y sienta tu amor por medio de las personas en su vida. Amén.

58

CUANDO NECESITE UN MENTOR

Mantengamos firme, sin fluctuar, la profesión de nuestra esperanza, porque fiel es el que prometió. Y considerémonos unos a otros para estimularnos al amor y a las buenas obras.

Hebreos 10:23-24

Las ancianas asimismo sean reverentes en su porte; no calumniadoras, no esclavas del vino, maestras del bien; que enseñen a las mujeres jóvenes a amar a sus maridos y a sus hijos, a ser prudentes, castas, cuidadosas de su casa, buenas, sujetas a sus maridos, para que la palabra de Dios no sea blasfemada.

Tito 2:3-5

SEÑOR:
    Crecer es demasiado complicado para que mi hija lo maneje por su propia cuenta. Ella enfrenta muchos cambios en sí misma y en su vida año con año, lo cual genera miedo y confusión. A medida que la escuela y las presiones sociales se acumulan sobre sus hombros, es fácil para ella olvidar tu amor y sabiduría.

En tu maravilloso diseño, tienes el propósito de que mi hija reciba consejo y aliento de mujeres mayores. Te pido que traigas mujeres piadosas a su vida que estén dispuestas a cuidar de ella a medida que crezca. Inspira a líderes de la iglesia, maestras, entrenadoras y madres de sus amigas a procurar una relación más cercana con mi hija. Equipa a su familia con sabiduría y energía para guiarla sin importar lo atareadas que se puedan poner las semanas.

Señor, te pido que elijas a las mujeres correctas para influenciar los sueños y decisiones de mi hija. Úsalas para revelar tu mayor amor. Llena sus palabras de verdad y sabiduría. Estimula risa y afecto que suavicen a mi hija para compartir su corazón. Genera recuerdos especiales para que en tiempos difíciles mi hija recuerde quién de verdad la apoya.

Dame la sabiduría para saber cómo apoyar sus relaciones con otras mujeres. Muéstrame cuándo proveer tiempo, dinero y ánimo para que se conecten. Sé que no puedo ser todo para mi hija.

Gracias por tu buena Palabra que me recuerda de su necesidad de mujeres mayores en su vida. Ayúdame a confiar en que la harás crecer en todos los aspectos en tu tiempo perfecto. Amén.

Una historia de oración

En los inicios de nuestro ministerio, cuando nuestros hijos eran pequeños, vivíamos con apenas lo justo. Siempre nos quedaba mucho mes al final del dinero. Así que con frecuencia orábamos en familia para pedirle a Dios que supliera nuestras necesidades. Tengo montones de historias de cómo Dios respondió nuestras oraciones, y al ver hacia atrás, estoy convencido de que hizo esas cosas para desarrollar la fe de nuestros hijos cuando eran muy chicos para que siempre recordaran que Él es un Dios que nos cuida y nos provee.

En esa época, comprarle ropa nueva a nuestra hija en crecimiento era un desafío económico, en particular cuando muchas de sus amigas llevaban ropa bastante sofisticada. Y como Libby era nuestra única hija, no había esperanza de que sus hermanas mayores le pasaran su ropa. Un día para nuestra sorpresa, llegó una caja de Cleveland, Ohio, de una vieja amiga de mi esposa. Su familia no tenía ni idea de por lo que nuestra familia había estado orando; sin embargo, dentro de la caja había varios conjuntos para una pequeña. ¡Y no solo cualquier prenda, sino piezas con marca de diseñador que representaban lo más avanzado en moda para niños! Todavía puedo recordar a Libby saltando de gusto cuando vio la ropa, que le quedó a la medida. La familia siguió enviando cajas durante varios años con ropa de su hija quien obviamente estaba solo un poco adelante de Libby en términos de talla.

Dios había usado la oración para darle a Libby una bendición sobreabundante en su tiempo de necesidad. ¡Hasta hoy todavía recuerda el impacto de esa oración!

. . . .

Joe Stowell, *presidente de la Cornerstone University, Grand Rapids, Michigan*

59

CUANDO SEA VÍCTIMA DE ACOSO

Oísteis que fue dicho: Amarás a tu prójimo, y aborrecerás a tu enemigo. Pero yo os digo: Amad a vuestros enemigos, bendecid a los que os maldicen, haced bien a los que os aborrecen, y orad por los que os ultrajan y os persiguen; para que seáis hijos de vuestro Padre que está en los cielos.

Mateo 5:43-45

Disputa, oh Jehová, con los que contra mí contienden; pelea contra los que me combaten. Echa mano al escudo y al pavés, y levántate en mi ayuda [...] Me devuelven mal por bien, para afligir a mi alma.

                                        Salmos 35:1-2,12

Mírame, y ten misericordia de mí, porque estoy solo y afligido. Las angustias de mi corazón se han aumentado; sácame de mis congojas. Mira mi aflicción y mi trabajo, y perdona todos mis pecados. Mira mis enemigos, cómo se han multiplicado, y con odio violento me aborrecen. Guarda mi alma, y líbrame; no sea yo avergonzado, porque en ti confié. Integridad y rectitud me guarden, porque en ti he esperado.

                                        Salmos 25:16-21

TODOPODEROSO DIOS:
    Mi hija tiene enemigos aunque es solo una niña. Sufre a causa del acoso escolar y un trato cruel y nada parece aliviar la contienda. El desánimo y el temor se están asentando; ¡ella necesita tu ayuda!

Como su padre quiero protegerla de todo tipo de daño. Me enojo y quiero hacer pagar a cualquiera que lastime a mi pequeña. Es frustrante cuando no puedo protegerla a cada momento o arreglar esta situación dolorosa.

Gracias que tu nombre es una torre fuerte a la que puede huir y estar a salvo (Proverbios 18:10). Ven a un lado de mi hija y defiéndela de los que tratan de intimidarla y mantenerla derribada. Estropea los planes de las otras niñas que generan temor y aislamiento. Preserva las amistades de mi hija y su reputación; no permitas que ningún chisme tome lugar para traerle vergüenza.

Dale a los profesores y a otros padres el entendimiento y la fuerza de defender a mi hija. Tráele justicia; saca a la luz todo lo escondido y que la verdad sea clara.

Redime lo que se haya perdido para mi hija. Si ha perdido la confianza, renueva su motivación y fuerza. Si las amistades se han deshecho, trae perdón y unidad. Si el temor ha tomado lugar, dale valentía para enfrentar cada nuevo día, sabiendo que estás con ella. Si ha comenzado a creer en sus palabras de odio, recuérdale que ella es tuya: una amada hija del Dios vivo.

Dale a mi hija compasión por los que están en su contra. Guárdala de vengarse con enojo o chisme. Ayúdala a orar por ellos, a perdonar y a no vengarse de ninguna manera.

Usa esta lucha para revelarle tu poder a mi hija. Haz crecer su fe y confianza en ti a medida que vienes a su rescate. Gracias por la esperanza y protección que encontramos en ti. ¡Eres bueno! Amén.

60

CUANDO SE CONECTE CON SUS PADRES

Con toda humildad y mansedumbre, soportándoos con paciencia los unos a los otros en amor, solícitos en guardar la unidad del Espíritu en el vínculo de la paz.

Efesios 4:2-3

El amor es sufrido, es benigno; el amor no tiene envidia, el amor no es jactancioso, no se envanece; no hace nada indebido, no busca lo suyo, no se irrita, no guarda rencor; no se goza de la injusticia, mas se goza de la verdad. Todo lo sufre, todo lo cree, todo lo espera, todo lo soporta. El amor nunca deja de ser; pero las profecías se acabarán, y cesarán las lenguas, y la ciencia acabará.

1 Corintios 13:4-8

SEÑOR:
 Te pido tu mano sobre la relación de mi hija conmigo como su padre. A medida que crece y madura, pueden surgir muchos asuntos que generen tensión entre nosotros. Conforme mi hija avance a mayor independencia e individualidad, ella podría resentir mi influencia. El amor entre nosotros se puede perder en medio del conflicto.

Es imposible esperar que mi hija y yo estemos de acuerdo en todo, todo el tiempo. Nuestras opiniones acerca de la moda, las citas, la música, las actividades del tiempo libre, las amigas, los hábitos de gasto y los quehaceres de la casa pueden chocar y llevar a una división entre nosotros. Ayúdanos a recordar que no se trata de ganar; que la compasión y la comprensión sea lo primero en nuestra mente.

Guárdanos de quedar atrapados en una lucha de poder. Dale a mi hija un corazón sumiso para que pueda aceptar los límites necesarios para su protección. Dame la sabiduría para saber cuando soltar el control. Permíteme celebrar la iniciativa de mi hija en lugar de solo llorar la pérdida de quien fuera mi pequeña.

Cuando suceda el conflicto, guárdanos de que tomen lugar la amargura o el resentimiento. Ayúdanos a perdonar y avanzar. Permítenos recordar lo que valoramos el uno en el otro para que no caigamos en negatividad.

Marca nuestra relación con paciencia y dominio propio. Ayúdanos a elegir nuestras palabras con cuidado incluso cuando estamos enojados. No nos permitas criticarnos. Recuérdanos que las frustraciones de hoy pasarán y que mañana será un nuevo día.

Preserva nuestra esperanza el uno en el otro. Cuando los estados de ánimo se vayan a pique y la comprensión parezca imposible, danos la valentía para buscar la paz hasta que la encontremos. Mantennos a los dos en el mismo lado. Danos la seguridad del amor del otro sin importar lo desafiante que parezcan las cosas en el momento.

Úsame como una bendición en nuestra relación. Dame sabiduría para saber cuándo confrontar un asunto y cuándo mantenernos en silencio y orar. Si mi hija se resiste a la instrucción, dame la fuerza para mantener la autoridad en nuestro hogar. Enséñame cómo alentarla en perdón y compasión. Gracias por darnos el uno al otro. Que andemos por tu Espíritu en los días que vienen por delante. Amén.

61

CUANDO NECESITEMOS TIEMPO JUNTOS

Mirad, pues, con diligencia cómo andéis, no como necios sino como sabios, aprovechando bien el tiempo, porque los días son malos. Por tanto, no seáis insensatos, sino entendidos de cuál sea la voluntad del Señor.

Efesios 5:15-17

Todo tiene su tiempo, y todo lo que se quiere debajo del cielo tiene su hora. Tiempo de nacer, y tiempo de morir; tiempo de plantar, y tiempo de arrancar lo plantado; tiempo de matar, y tiempo de curar; tiempo de destruir, y tiempo de edificar; tiempo de llorar, y tiempo de reír; tiempo de endechar, y tiempo de bailar; tiempo de esparcir piedras, y tiempo de juntar piedras; tiempo de abrazar, y tiempo de abstenerse de abrazar; tiempo de buscar, y tiempo de perder; tiempo de guardar, y tiempo de desechar; tiempo de romper, y tiempo de coser; tiempo de callar, y tiempo de hablar; tiempo de amar, y tiempo de aborrecer; tiempo de guerra, y tiempo de paz.

Eclesiastés 3:1-7

S EÑOR:

Aunque eres eterno, "enséñanos de tal modo a contar nuestros días, que traigamos al corazón sabiduría" (Salmos 90:12). Somos conscientes de lo rápido que vuela el tiempo. Parece que fue ayer que nació mi hija, luego aprendió a caminar y a hablar, y ahora está avanzando hacia la edad adulta en un abrir y cerrar de ojos.

Sería fácil desperdiciar estos años con ella como niña en mi hogar. Con frecuencia pospongo invertir tiempo con ella al pensar: *Puede esperar hasta el próximo fin de semana. O al siguiente verano. O al próximo año.* Colecciono libros que me gustaría leer con ella, pero se quedan en el estante. Imagino proyectos en los que podríamos trabajar juntos, pero las herramientas acumulan polvo. Un evento especial suena divertido, pero no llega a la agenda.

Despiértame, Señor, con un sentido de urgencia acerca de lo breves que son nuestros días juntos. Ínstame a procurar el corazón de mi hija con toda mi fuerza. Ayúdame a neutralizar las distracciones que evitan que pase tiempo con ella y que escuche realmente lo que tiene que decir. Guárdanos de comprometernos con otros antes de considerar el impacto en mi habilidad de ejercer mi paternidad de todo corazón.

Este es mi tiempo para plantar, edificar, reír, abrazar, bailar y hablar a la mente y el corazón de mi hija. Ayúdame a aprovechar al máximo cada oportunidad de compartir tu Palabra y tu amor con ella. Me has dado el privilegio de criar a esta preciosa niña; guárdame del pensamiento insensato que dice que puedo hacerlo por medio de acomodarla en las orillas de mi vida.

Gracias por el tiempo que me ha sido dado con mi hija. Cada año ha sido un regalo. Los recuerdos que hemos creado son tesoros invaluables. Que los tiempos que vienen sean incluso más ricos y bendecidos que lo que hemos conocido hasta la fecha. Amén.

62

CUANDO SIENTA LA PRESIÓN DEL LOGRO

Pues, ¿busco ahora el favor de los hombres, o el de Dios? ¿O trato de agradar a los hombres? Pues si todavía agradara a los hombres, no sería siervo de Cristo.

Gálatas 1:10

Porque ¿qué tiene el hombre de todo su trabajo, y de la fatiga de su corazón, con que se afana debajo del sol? Porque todos sus días no son sino dolores, y sus trabajos molestias; aun de noche su corazón no reposa. Esto también es vanidad. No hay cosa mejor para el hombre sino que coma y beba, y que su alma se alegre en su trabajo. También he visto que esto es de la mano de Dios.

Eclesiastés 2:22-24

Y todo lo que hagáis, hacedlo de corazón, como para el Señor y no para los hombres; sabiendo que del Señor recibiréis la recompensa de la herencia, porque a Cristo el Señor servís.

Colosenses 3:23-24

PADRE:
Tú conoces la presión que hay sobre mi hija para tener éxito. Es medida y evaluada de continuo por su éxito en la escuela y las actividades adicionales. Siempre hay una nueva altura que alcanzar, otra prueba de su habilidad, una competidora más que vencer.

Trae calma a la mente de mi hija con la seguridad de que eres el único que necesita agradar. Libérala de la trampa del desempeño que dice que tiene que ser la mejor de las mejores; que su valía se determina por el juicio de otras personas. La veo hecha nudos por la ansiedad con respecto a sus notas escolares y otras actividades, con una voz de duda en su mente que le dice: *Quizá no seas suficientemente buena para eso.*

Ayúdala para ver que cualquier éxito o premio perderá su valor al final. Las únicas recompensas reales son las que provienen de ti y esas durarán para siempre. Ínstala a desarrollar metas más altas de amar más, servir más y volverse más como Cristo. Cuando trabaje en una tarea, llénala de energía con el conocimiento de que ha sido plenamente aceptada por ti y que puede abordar un desafío con gozo.

Dale a mi hija paz de vivir para ti en lugar de esforzarse por agradar a los demás. Permítele encontrar descanso en tu amor. Tú le das la gracia y dices que "mi yugo es fácil, y ligera mi carga" (Mateo 11:30).

Gracias por el consuelo que encontramos en tu misericordia. Revélate a mi hija para que pueda trabajar en todas las cosas con gozo y libertad.

Amén.

63

CUANDO ESCOJA A QUIÉN ADORAR

Los que siguen vanidades ilusorias, su misericordia abandonan.

Jonás 2:8

Y dijeron los levitas [...]: Levantaos, bendecid a Jehová vuestro Dios desde la eternidad hasta la eternidad; y bendígase el nombre tuyo, glorioso y alto sobre toda bendición y alabanza.

Tú solo eres Jehová; tú hiciste los cielos, y los cielos de los cielos, con todo su ejército, la tierra y todo lo que está en ella, los mares y todo lo que hay en ellos; y tú vivificas todas estas cosas, y los ejércitos de los cielos te adoran.

Nehemías 9:5-6

Oh Señor, ninguno hay como tú entre los dioses, ni obras que igualen tus obras. Todas las naciones que hiciste vendrán y adorarán delante de ti, Señor, y glorificarán tu nombre. Porque tú eres grande, y hacedor de maravillas; sólo tú eres Dios. Enséñame, oh Jehová, tu camino; caminaré yo en tu verdad; afirma mi corazón para que tema tu nombre.

Salmos 86:8-11

SEÑOR DIOS:
Somos tentados de continuo a dedicarnos a lo que podemos ver con nuestros ojos. En lugar de darte toda nuestra alabanza, amamos las cosas que has hecho. Creamos ídolos a partir de nuestras bendiciones en lugar de darte nuestra gratitud.

Ayuda a mi hija a mantenerte primero en su corazón. Le has dado belleza, guárdala de la vanidad que fija su mente en la ropa y el maquillaje. Le has dado una despensa llena y una nevera; guárdala de una relación poco saludable con los alimentos. Ella tiene inteligencia y habilidades; guárdala de encontrar la satisfacción de su corazón en premios y éxito. Ella tiene una habitación llena de posesiones; guárdala del materialismo y de encontrar gozo en acumular más y más. Ella disfruta a las celebridades y a los artistas; guárdala de idolatrarlos ya que su talento y dones provienen de ti. La has bendecido con relaciones maravillosas; que desee agradarte a *ti* y disfrutar tu presencia sobre todo lo demás.

Señor, si se enamora de la gente y de los placeres del mundo, se perderá de la maravilla que eres Tú. Ninguna persona o cosa podría ser rival para el poder, el amor y la gracia que das con generosidad. Ofreces esperanza eterna. Redención. Libertad. Verdad. No permitas que le dé su corazón a nada ni nadie excepto a ti.

Que Tú seas siempre mi mayor deseo. Que esté dedicado a ti, dispuesto a dejar todo por seguirte. Úsame como un ejemplo de fe mientras guardo mi más profunda alabanza, adoración y amor solo para ti.

Gracias por mostrarnos el camino. ¡Sea engrandecido tu nombre en toda la Tierra! Amén.

Sus ídolos

Cada uno de nosotros es, incluso desde el vientre de su madre, un maestro artesano de ídolos.

Juan Calvino[9]

Una característica de la idolatría es que siempre confunde a la criatura con el creador.

Erwin Lutzer[10]

No tiene que ir a tierras paganas hoy para encontrar dioses falsos. Estados Unidos está lleno de ellos. Lo que sea que ame más que a Dios es su ídolo.

D. L. Moody[11]

Todos escogemos algo a lo cual inclinarnos y servirlo. Como dijo Agustín: "Nuestro corazón está inquieto hasta que reposa en ti". En el Antiguo Testamento leemos acerca de imágenes hechas de madera, oro y piedra, templos y sacrificios y sacerdotes. Pero incluso entonces la idolatría tenía más que ver con el corazón que con rituales externos. Colosenses 3:5 trae luz sobre esta idea cuando Dios dice: "Haced morir, pues, lo terrenal en vosotros: fornicación, impureza, pasiones desordenadas, malos deseos y avaricia, que es idolatría". Cuando nos percibimos "avaros", anhelando algo que satisfaga nuestro corazón fuera de Dios mismo, entonces hemos creado un ídolo.

Nuestras hijas necesitan que oremos acerca de lo que ellas adoran. Vivimos en un país donde se supone que todos van en pos del sueño americano. Tantos de nosotros procuramos una educación, una carrera, una casa con dos hijos y un perro, esperando sentirnos satisfechos. A nuestras hijas se les dice desde los primeros años de preescolar que si trabajan duro en la escuela y procuran la carrera más lucrativa que puedan encontrar, que tendrán todos los deseos de su corazón. Podemos marcar una ruta para ellas que comience en preescolar para garantizar su éxito académico. ¡Eso no deja mucho espacio para que Dios guíe su vida!

Es difícil decir qué ídolos llegará a tener mi hija en su corazón. Existe la probabilidad de que estén relacionados con sus inseguridades. Si piensa que necesita ser una belleza para ser feliz y aceptada, hará de la ropa y el maquillaje un ídolo, así como del ejercicio y acicalarse en el baño. Si piensa que el éxito atlético la hará tener estima, practicará durante horas cada semana y quedará devastada si pierde un partido. Si piensa que atraer a los chicos probará su valía, coqueteará e incluso pondrá en entredicho su pureza por mantener su atención. A menos que crea que es completamente aceptada por Dios y que puede satisfacer todas sus necesidades en Él, nunca dejará de buscar paz.

También necesito orar por sensibilidad a las luchas y necesidades de mi hija. Algunas veces no tengo ni idea cuando se siente sola o insegura. No estoy con ella en la escuela todo el día, así que no sé quién la está acosando, tentándola o criticándola. No siempre estoy al tanto de que sus grandes logros la llevan al orgullo y a la autosuficiencia.

Gracias a Dios, si necesito sabiduría puedo pedírsela al Señor quien "da a todos abundantemente y sin reproche", y me será dada (Santiago 1:5).

En el Antiguo Testamento los israelitas fueron tentados a correr en pos de ídolos cuando Dios no se mostró de la manera que ellos querían. En Éxodo, cuando Moisés subió al monte para recibir los Diez Mandamientos, los israelitas se preguntaron por qué demoraba tanto. Para el momento en que descendió del monte habían derretido sus joyas y habían hecho un becerro de oro. Necesitamos orar por resistencia para nosotros mismos y nuestras hijas, y esperar con paciencia que Dios se mueva en nuestras vidas. Si mi hija está ansiosa de amar, necesitará esta ayuda para esperar al hombre correcto de Dios para casarse. Si batalla con una enfermedad o lesión que la aísla de sus amigos, requerirá fe para esperar su sanidad. Cuando el dinero se termine, pero las facturas sigan llegando, solo Dios puede darnos reposo mientras esperamos su provisión. Necesitamos fe para confiar en que Él suplirá nuestras necesidades a su manera, en su tiempo perfecto.

Otra influencia que causó que los corazones de los israelitas se desviaran fue la compañía que tenían. Dios fue claro con que quería que su pueblo se apartara de las naciones vecinas. Les dio leyes únicas por las cuales vivir y su misma presencia en medio suyo. Cuando desobedecían al casarse con gente de otras naciones o envidiaban las religiones paganas, se descarriaban todas las veces. Nuestras hijas también pueden experimentar eso si se olvidan de que están apartadas para Dios. Si sus amigos e influencias más cercanas son incrédulos, les será casi imposible mantenerse firmes en su fe. Dios dio una sabia advertencia cuando dijo: "No os unáis en yugo desigual con los incrédulos; porque ¿qué compañerismo tiene la justicia con la injusticia? ¿Y qué comunión la luz con las tinieblas?" (2 Corintios 6:14). No nos está alentando a tener una actitud de "soy más santa que tú", pero nos está guardando de desviarnos de Él.

Algunas veces simplemente no queremos aceptar la autoridad de Dios en nuestra vida. A medida que mi hija crece, anhela mayor independencia. Quiere más libertad para escoger a sus amigas, sus clases y cómo pasa su tiempo. Que le digan qué hacer puede llegar a ser irritante, y los caminos de Dios dejan de parecer tan atractivos. Ella puede creer la mentira de que Dios se trata solo de reglas y que Él quiere arruinar su diversión. Cuando Dios dice que no, o que esperemos, es porque nos ama y sabe lo que es mejor. Del mismo modo como padres sabemos que debemos establecer límites; demasiados dulces y nuestros hijos arruinarán sus dientes. Jugar en la calle pondrá en riesgo su seguridad. Dejar que falten a clases significa que los suspendan y que reprueben materias. Así como establecemos límites para proteger a nuestras hijas preciosas, Dios también quiere protegerlas. Oremos porque nuestras hijas puedan someterse al Señor. Él puede darles la humildad y el dominio propio para seguirlo. Pueden recibir su verdad de que la libertad se encuentra en la obediencia. Establecer nuestra propia autoridad como padres también es crucial. No cedamos en lo que creemos que es lo correcto para evitar un conflicto con nuestros hijos.

Sé que mi hija me mira para ver a quién adoro. ¿Quién o qué me digo a mí mismo que me hará feliz? ¿A qué pienso que tengo derecho? ¿Qué creo que me hace significativo y valioso? ¿En qué confío para mi seguridad? La respuesta a esas preguntas me dirá dónde está mi corazón. Necesito buscar de continuo al Señor para que pueda mostrar por su Espíritu si alguien o algo lo está reemplazando en mi vida.

Que nuestras familias adoren al Señor y solo a Él, por todos los días de nuestra vida. Que este sea el clamor de nuestro corazón:

> Cantad a Jehová toda la tierra, proclamad de día
> en día su salvación.
> Cantad entre las gentes su gloria, y en todos los
> pueblos sus maravillas.
> Porque grande es Jehová, y digno de suprema
> alabanza, y de ser temido sobre todos los
> dioses.

> Porque todos los dioses de los pueblos son
> ídolos; mas Jehová hizo los cielos.
> Alabanza y magnificencia delante de él; poder y
> alegría en su morada.
> Tributad a Jehová, oh familias de los pueblos,
> dad a Jehová gloria y poder.
> Dad a Jehová la honra debida a su nombre; traed
> ofrenda, y venid delante de él; postraos
> delante de Jehová en la hermosura de la
> santidad.
>
> (1 Crónicas 16:23-29)

64

CUANDO NECESITE PERMANECER EN DIOS

Yo soy la vid verdadera, y mi Padre es el labrador. Todo pámpano que en mí no lleva fruto, lo quitará; y todo aquel que lleva fruto, lo limpiará, para que lleve más fruto. Ya vosotros estáis limpios por la palabra que os he hablado. Permaneced en mí, y yo en vosotros. Como el pámpano no puede llevar fruto por sí mismo, si no permanece en la vid, sí tampoco vosotros, si no permanecéis en mí. Yo soy la vid, vosotros los pámpanos; el que permanece en mí, y yo en él, éste lleva mucho fruto; porque separados de mí nada podéis hacer.

Juan 15:1-5

Mantengamos firme, sin fluctuar, la profesión de nuestra esperanza, porque fiel es el que prometió.

Hebreos 10:23

PADRE:
Mi hija se puede distraer tanto con las preocupaciones cotidianas que es difícil para ella mantenerse cerca de ti. Al igual que todos nosotros, ella puede tratar de vivir en su propia fuerza y resolver la vida por sí misma. Se puede sentir tentada a establecer sus propios estándares de lo que es bueno y malo. Ella busca la verdad y el conocimiento en las voces de las personas a su alrededor en lugar de en tu Palabra.

Se pierde de tus bendiciones porque no permanece en ti.

Ayuda a mi hija a conocer lo que significa permanecer en ti. Mantenla cerca por medio de la oración, que te comparta cada detalle de sus días. Que escuche la voz de tu Espíritu que la aconseja a lo largo del camino.

Haz que tu Palabra cobre vida para que la reciba y viva por su verdad.

Enséñale disciplina espiritual para encontrarse todos los días contigo para que sea transformada más y más a tu imagen.

Señor, permite que mi hija "lleve fruto" al crecer en amor y bondad.

Haz tu obra en su vida para que se vuelva como Jesús y desarrolle humildad, una actitud de siervo, un espíritu de gozo y alegría, generosidad, buen corazón, dominio propio y todas las otras cualidades maravillosas que la destacan como hija de Dios.

Une a mi hija a ti todos los días de su vida. Guárdala de desviarse a senderos que solo la llevan al pecado y al dolor. Escribe tu Palabra en su corazón para que tu verdad esté con ella de continuo. Dale discernimiento para reconocer tu voz cuando hablas.

Mantennos fieles así como Tú eres fiel con nosotros. Danos resistencia para permanecer en ti hasta que te veamos cara a cara.

Amén.

65

CUANDO CREZCA EN MADUREZ

Cuando yo era niño, hablaba como niño, pensaba como niño, juzgaba como niño; mas cuando ya fui hombre, dejé lo que era de niño.

1 Corintios 13:11

Para que ya no seamos niños fluctuantes, llevados por doquiera de todo viento de doctrina, por estratagema de hombres que para engañar emplean con astucia las artimañas del error, sino que siguiendo la verdad en amor, crezcamos en todo en aquel que es la cabeza, esto es, Cristo.

Efesios 4:14-15

Mas tenga la paciencia su obra completa, para que seáis perfectos y cabales, sin que os falte cosa alguna. Y si alguno de vosotros tiene falta de sabiduría, pídala a Dios, el cual da a todos abundantemente y sin reproche, y le será dada.

Santiago 1:4-5

PADRE:
¡Crecer es un trabajo duro! Exige más responsabilidad, más esfuerzo, más disciplina y más decisiones confusas año con año. Algunas veces mi hija se cansa y quiere mantenerse como es o incluso echar marcha atrás en su madurez.

Ayuda a mi hija a abrazar su futuro. Que enfrente nuevos desafíos con valentía en lugar de temor. Permítele asirse de su creatividad e imaginación de niña, pero que ponga los juegos a un lado cuando tenga responsabilidades entre manos.

Ayuda a mi hija a participar en su propio desarrollo. Dale una mente dispuesta para aprender y manos que intenten cosas nuevas. Que encuentre felicidad en administrar su propia habitación y posesiones, ganar dinero para su cuenta de ahorros y tomar el liderazgo en su aula. Dale iniciativa para ayudar en casa sin que se le pida y busque maneras de servir a los demás.

Dale a mi hija satisfacción por crecer en su conocimiento de ti. Enséñale las disciplinas espirituales de la oración y el estudio bíblico regulares. Ayúdala a almacenar tu Palabra en su corazón para que viva por su verdad en cada situación.

Úsame como un ejemplo de madurez para mi hija. Guárdame de hacer a un lado servir a mi familia y a mi iglesia para poder "jugar" en los deportes, el entretenimiento o las compras. Guárdame de una mentalidad infantil que exija gratificación instantánea en lugar de resistencia. Hazme sabio al manejar tu Palabra para que no sea descarriado por modas de pensamiento o enseñanzas falsas.

Gracias por los buenos planes que tienes para mi hija. Ya conoces a la joven mujer en la que se convertirá: el conocimiento, los talentos, los logros y la belleza que incluso ahora cultivas en su vida. Gracias por el privilegio de verla crecer. Amén.

66

CUANDO TENGA UNA NECESIDAD

Mi Dios, pues, suplirá todo lo que os falta conforme a sus riquezas en gloria en Cristo Jesús. Al Dios y Padre nuestro sea gloria por los siglos de los siglos. Amén.

Filipenses 4:19-20

No os afanéis, pues, diciendo: ¿Qué comeremos, o qué beberemos, o qué vestiremos? Porque los gentiles buscan todas estas cosas; pero vuestro Padre celestial sabe que tenéis necesidad de todas estas cosas. Mas buscad primeramente el reino de Dios y su justicia, y todas estas cosas os serán añadidas.

Mateo 6:31-33

Jehová es bueno, fortaleza en el día de la angustia; y conoce a los que en él confían.

Nahúm 1:7

PADRE:
Tú eres fiel y siempre cumples tus promesas. Nunca nos has abandonado en tiempos de tribulación. Ves todo y conoces todo, así que nada de lo que nos sucede es una sorpresa para ti. Tus oídos siempre están abiertos a escuchar nuestras oraciones y nos invitas a echar nuestras ansiedades sobre ti.

Conoces la necesidad con la que batalla hoy mi hija. Ella se afana, duda y está preocupada, se pregunta cómo vendrá la solución. Muéstrale a mi hija el Padre generoso y amoroso que eres. Haz crecer su fe y su confianza en ti por medio de suplir su necesidad en este tiempo. Que esté quieta delante de ti. Ayúdala a esperar con paciencia sin dudar conforme le provees en el tiempo perfecto.

Detenme de tratar de ser la fuente de todo lo que necesita. No dejes que robe tu gloria al correr a resolver cada dificultad por ella. Que muestre control, mientras la aliento a orar a ti y a esperar tu respuesta. Dirígeme para que sepa cuando ayudar y cuando simplemente reposar en tu promesa de provisión.

En la espera, dale paz y contentamiento a mi hija. Guárdala de preocupación y angustia. Que tenga gozo en la expectativa de verte mover en esta situación. Dale una fe inconmovible en tu bondad conforme ponga su confianza en ti.

Gracias por cuidar de nosotros en todos los aspectos. Tú nos liberas del desaliento y nos llenas de esperanza. Eres nuestro refugio y nos das cosas buenas todos los días de nuestra vida. ¡Toda la gloria es para ti! Amén.

67

CUANDO NECESITE PAZ Y REPOSO

Estad quietos, y conoced que yo soy Dios; seré exaltado entre las naciones; enaltecido seré en la tierra.

Salmos 46:10

Venid a mí todos los que estáis trabajados y cargados, y yo os haré descansar. Llevad mi yugo sobre vosotros, y aprended de mí, que soy manso y humilde de corazón; y hallaréis descanso para vuestras almas; porque mi yugo es fácil, y ligera mi carga.

Mateo 11:28-30

Jehová es mi pastor; nada me faltará. En lugares de delicados pastos me hará descansar; junto a aguas de reposo me pastoreará. Confortará mi alma.

Salmos 23:1-3

PADRE:
Tú sabes que mi hija y yo podemos quedar abrumados por el estrés. Nuestras agendas pueden estar tan atiborradas de compromisos que nunca tenemos un minuto para respirar. Nuestras responsabilidades se pueden sentir como puertas giratorias y que si nos relajamos por un momento algo se va a desmoronar. Nos enfocamos más en *hacer* que en *ser* y nos olvidamos de lo que es en verdad más importante.

Libera a mi hija del paso frenético y el estrés en el que se encuentra enfrascada. Enséñale a decir que no a las cosas meramente buenas para enfocarse en lo mejor de todo. Dame sabiduría para saber cuándo limitar nuestras actividades para que nuestra familia se pueda conectar.

Enséñale a mi hija el arte de estar quieta. Ayúdala a desconectarse y estar tranquila. Ayúdala a reconocer tu silbo apacible y guárdala de no pasar tiempo contigo por su ajetreo. Guarda nuestro hogar de demasiado "ruido" para que sea un oasis de paz y reposo.

Guárdanos del orgullo que cree que nuestra esperanza depende de nuestro propio esfuerzo y lucha. Que confiemos plenamente en ti, y que descansemos en el conocimiento de que eres todopoderoso y estás en control de nuestro futuro. Danos fe para confiar en la obra de Cristo en la cruz; que descansemos en tu gracia y dejemos de trabajar para ganarnos el amor que ya nos has dado con tanta liberalidad.

Hazme un padre tranquilo, firme, para que pueda ser una fuente de paz para mi hija. Que nos detengamos cada día a acallar nuestro corazón delante de ti y conocer tu reposo perfecto. Amén.

68

CUANDO NECESITE REÍR

Entonces nuestra boca se llenará de risa, y nuestra lengua de alabanza; entonces dirán entre las naciones: Grandes cosas ha hecho Jehová con éstos. Grandes cosas ha hecho Jehová con nosotros; estaremos alegres.

Salmos 126:2-3

Alegraos en Jehová y gozaos, justos; y cantad con júbilo todos vosotros los rectos de corazón.

Salmos 32:11

Mas los justos se alegrarán; se gozarán delante de Dios, y saltarán de alegría. Cantad a Dios, cantad salmos a su nombre; exaltad al que cabalga sobre los cielos. JAH es su nombre; alegraos delante de él.

Salmos 68:3-4

PADRE:
Nos has dado tantas razones para celebrar. Tenemos una esperanza y un futuro contigo. Hemos sido liberados del pecado y se nos ha dado toda bendición espiritual. Somos liberados del temor, la duda y el desaliento. Tú llevas nuestra carga, nos consuelas cuando sufrimos y suples todas nuestras necesidades. Tu Palabra nos anima y nos ayuda a saber qué hacer. Nunca tenemos que andar solos por la vida.

Ayuda a mi hija a tener un corazón feliz y alegre. No permitas que los problemas cotidianos le roben su sonrisa o la hagan olvidar tus bendiciones. Dale ojos para verte a ti y todas las grandes y maravillosas cosas que has hecho.

Trae diversión a nuestra vida familiar. Haz de nuestro hogar un lugar de risa, libre de la queja y la negatividad. Que la alegría de nuestro hogar se derrame en todos los que entran y que tengan una probada de tu bondad.

Ayúdame a reflejar tu luz en mi tono de voz y en mi conducta hacia mi hija. Guárdame de tomar los asuntos pequeños con demasiada seriedad y de preocuparme por cargas que llevarás por mí. Hazme rápido para reír y listo para sonreír y encontrar humor para aligerar el corazón de mi hija.

Nos regocijamos en ti y estamos alegres, porque has hecho grandes cosas por nosotros. Amén.

Una historia de oración

En fechas recientes, mi hija cruzó el umbral entre la niñez y la edad adulta cuando cumplió trece. Delante de mí ahora está una jovencita donde momentos antes había estado una pequeña niña. Aunque sé que siempre seré su papá y siempre tendré influencia sobre su vida. También me doy cuenta de que los días de mi mayor impacto sobre su carácter, valores y convicciones ya pasaron. Durante doce años traté de cultivar su espíritu con la esperanza de que la semilla de fe se arraigara, pero ahora la decisión es suya. Seguiré cuidando de ella, pero la fe de su padre deberá permanecer siendo mía. Solo ella puede apropiarse de la fe.

> Hij[a] mí[a], si recibieres mis palabras,
> y mis mandamientos guardares dentro de ti,
> haciendo estar atento tu oído a la sabiduría;
> si inclinares tu corazón a la prudencia,
> si clamares a la inteligencia,
> y a la prudencia dieres tu voz;
> si como a la plata la buscares,
> y la escudriñares como a tesoros,
> entonces entenderás el temor de Jehová,
> y hallarás el conocimiento de Dios.
> (Proverbios 2:1-5)

Steve Scott, *fundador de On Target Outfitters; autor de* Faith Afield: A Sportsman's Devotional *[Fe en el campo: un devocional para el deportista]*

69

CUANDO EL ENEMIGO
LA ATAQUE

Sed sobrios, y velad; porque vuestro adversario el diablo, como león rugiente, anda alrededor buscando a quien devorar; al cual resistid firmes en la fe, sabiendo que los mismos padecimientos se van cumpliendo en vuestros hermanos en todo el mundo.

1 Pedro 5:8-9

Someteos, pues, a Dios; resistid al diablo, y huirá de vosotros.

Santiago 4:7

Por lo demás, hermanos míos, fortaleceos en el Señor, y en el poder de su fuerza. Vestíos de toda la armadura de Dios, para que podáis estar firmes contra las asechanzas del diablo. Porque no tenemos lucha contra sangre y carne, sino contra principados, contra potestades, contra los gobernadores de las tinieblas de este siglo, contra huestes espirituales de maldad en las regiones celestes. Por tanto, tomad toda la armadura de Dios, para que podáis resistir en el día malo, y habiendo acabado todo, estar firmes.

Efesios 6:10-13

DIOS TODOPODEROSO:
     Veo a mi preciosa hija y me lleno de amor por ella. Cada uno de mis instintos es apreciarla y protegerla de todo tipo de daño. En toda manera posible trato de bendecirla mientras crece. Es difícil para mí comprender que haya un enemigo malvado que esté

maquinando en su contra en busca de maneras de traerle dolor y destrucción.

Gracias porque no tenemos que vivir en temor del enemigo. Nos has dado tu poder y fuerza. Ayuda a mi hija a vestirse de toda la armadura de Dios —la verdad, la justicia, el evangelio de la paz, la fe, la salvación, tu Palabra y tu Espíritu— para que pueda resistir cuando el enemigo se levante en su contra.

Dale a mi hija discernimiento para reconocer la voz del enemigo cuando susurre mentiras a su oído. Cuando le diga que es un fracaso o que no vale la pena, dale la seguridad de que es tu preciosa hija. Cuando trate de paralizarla con temor, dale valentía y audacia por tu poder. Cuando la incite con tentación a pecar, llénala de amor por tus caminos. Muéstrale que por medio de resistirlo en tu grande nombre, él huirá y ella se levantará victoriosa.

Mantén a mi hija cerca de ti por medio de la oración y tu Palabra. Edifica su fe para que no pueda ser sacudida. Úsame como un guerrero para ella, que de continuo traiga a mi hija delante de ti en oración. Tú eres poderoso y capaz de salvar, y eres una ayuda siempre presente en la tribulación. Gracias por tus promesas asombrosas que nos dan paz y esperanza sin importar cómo venga el enemigo en nuestra contra. Amén.

70

CUANDO DESCUBRA SUS DONES ESPIRITUALES

Ahora bien, hay diversidad de dones, pero el Espíritu es el mismo. Y hay diversidad de ministerios, pero el Señor es el mismo. Y hay diversidad de operaciones, pero Dios, que hace todas las cosas en todos, es el mismo. Pero a cada uno le es dada la manifestación del Espíritu para provecho.

1 Corintios 12:4-7

Pues, así como cada uno de nosotros tiene un solo cuerpo con muchos miembros, y no todos estos miembros desempeñan la misma función, también nosotros, siendo muchos, formamos un solo cuerpo en Cristo, y cada miembro está unido a todos los demás. Tenemos dones diferentes, según la gracia que se nos ha dado. Si el de profecía, úsese conforme a la medida de la fe; o si de servicio, en servir; o el que enseña, en la enseñanza; el que exhorta, en la exhortación; el que reparte, con liberalidad; el que preside, con solicitud; el que hace misericordia, con alegría.

Romanos 12:4-8

PADRE:
        Gracias por crear una familia espiritual de la que podemos ser parte como tus hijos. Nos has bendecido a través de otros creyentes a medida que experimentamos exhortación, sabiduría, ayuda, liberalidad y la enseñanza de tu Palabra.

Has bendecido a cada creyente en Cristo con dones por tu Espíritu.

Gracias por equiparnos para unirnos a ti en tu obra en este mundo. Nos has facultado para ser y hacer tanto más de lo que podríamos soñar en nuestra propia fuerza.

Dale a mi hija el gozo de descubrir sus dones espirituales. Llénala de amor por tu pueblo y muéstrale las fortalezas especiales que proveerás para que sirva a tu iglesia. Si es musical, que cante alabanzas a ti. Si tiene un corazón por los niños, que cuide de los pequeños. Si puede liderar o enseñar, dale posiciones de influencia. Si tiene compasión por los pobres, que dé y comparta e inste a otros a hacer lo mismo.

Dame discernimiento para ver a tu Espíritu en acción en su vida. Si veo que la instas a ayudar, dar o exhortar a otros, que la apoye y la libere para seguir tu dirección. Muéstrame cómo usar mis propios dones espirituales en el Cuerpo de Cristo para que pueda ser un ejemplo para mi hija de servicio y obediencia.

Usa sus dones espirituales como una certeza de tu presencia en su vida. Que confíe en tu poder para que no intente hacerlo en sus propias fuerzas. Mantenla humilde cuando tu poder la faculte para hacer cosas maravillosas por los demás.

Gracias por permitirnos vivir nuestra fe con otros que también te aman. Amén.

71

CUANDO CRITIQUE A OTROS

No juzguéis, para que no seáis juzgados. Porque con el juicio con que juzgáis, seréis juzgados, y con la medida con que medís, os será medido. ¿Y por qué miras la paja que está en el ojo de tu hermano, y no echas de ver la viga que está en tu propio ojo? ¿O cómo dirás a tu hermano: Déjame sacar la paja de tu ojo, y he aquí la viga en el ojo tuyo?

Mateo 7:1-4

Digo, pues, por la gracia que me es dada, a cada cual que está entre vosotros, que no tenga más alto concepto de sí que el que debe tener, sino que piense de sí con cordura, conforme a la medida de fe que Dios repartió a cada uno.

Romanos 12:3

Con toda humildad y mansedumbre, soportándoos con paciencia los unos a los otros en amor, solícitos en guardar la unidad del Espíritu en el vínculo de la paz.

Efesios 4:2-3

S EÑOR:
Cuando nos miras, decides ver a Jesús en nosotros en lugar de nuestro pecado y debilidades. Nos declaras justos. Nos das una nueva identidad como hijo de Dios, amigo, testigo, santo y amado, templo de Dios y luz del mundo. Somos abrumados por tu misericordia que pasa por alto nuestros fracasos y nos ofreces completa aceptación y amor.

Que respondamos a tu regalo de gracia con un espíritu humilde. Recuérdanos que es gracias a la justicia de Cristo y no la nuestra propia que nos declaras perfectos y santos. Que cuidemos de los demás de la manera que Tú lo haces con gentileza y paciencia.

Ayuda a mi hija a poner su vista en su propio comportamiento y decisiones en lugar de juzgar los de todos los demás. Es fácil señalar con el dedo al estudiante irrespetuoso en su clase, la chica cuyo cabello y ropa están pasados de moda, los muchachos con calificaciones más bajas y a los que eligen malas palabras y actitudes. Recuérdale que ella también ha hablado fuera de tiempo y les ha faltado al respeto a sus padres. Que ha tenido sus propias batallas con ser grosera, perezosa, egoísta y enojona. Todos hemos pecados y hemos sido destituidos de la gloria de Dios (Romanos 3:23), y todos estamos perdidos sin tu salvación.

No permitas que un espíritu de crítica tome lugar en nuestro hogar. Que usemos nuestras palabras para afirmarnos y edificarnos unos a otros. Cuando uno de nosotros cometa un error o batalle con su actitud, que lo perdonemos y lo comprendamos antes de criticarlo. Haz de nuestro hogar un refugio de gracia donde nos aceptemos tal y como somos.

Gracias por tu paciencia. Nos soportas incluso cuando sentimos que nunca venceremos nuestro pecado. En ti tenemos salvación y perfecta paz, al saber que nunca te darás por vencido con nosotros o nos dejarás ir. Alabamos tu nombre por tu misericordia. Amén.

72

CUANDO SIENTA LA PRESIÓN DE ENCAJAR

No os conforméis a este siglo, sino transformaos por medio de la renovación de vuestro entendimiento, para que comprobéis cuál sea la buena voluntad de Dios, agradable y perfecta.

Romanos 12:2

Sed, pues, imitadores de Dios como hijos amados. Y andad en amor, como también Cristo nos amó, y se entregó a sí mismo por nosotros, ofrenda y sacrificio a Dios en olor fragante.

Efesios 5:1-2

PADRE:
   Es difícil para mi hija resistir la presión de encajar. Siente que tiene que vestirse como sus amigas, escuchar la misma música y que le tienen que gustar las mismas películas. Quiere ser lo suficientemente única para sentirse especial, pero no tan original que atraiga atención negativa a sí misma.

Ha llegado a la etapa de la vida en que está descubriendo quién es. Prueba diferentes estilos y ademanes y espera ver cómo responden los demás. A veces su meta se desvía de encontrar a la verdadera persona que Tú creaste hacia buscar lo que le granjeará la aceptación de los demás.

Ayuda a mi hija a conformarse a tus caminos. Dale un corazón para imitarte —tu benignidad, justicia, fuerza y bondad— más que conformarse al ejemplo del mundo.

Transforma a mi hija por medio de renovar su mente. Dale ojos para verte trabajar en su vida y oídos para escuchar tu verdad. Llénala de tu amor para que amar a los demás motive todas sus palabras y comportamiento. Cuando sus compañeras rechacen a una nueva estudiante o dejen fuera del grupo a alguien, que tu amor la haga amigable y que acepte a otros. Cuando esté por comprar un vestido nuevo, atráela a lo que sea modesto y hermoso. Cuando se sienta tentada a unirse a criticar a la maestra, que sea respetuosa. Cuando sus amigas resistan a sus padres y rechacen su influencia, mantén el corazón de mi hija abierto y dedicado a ti.

Gracias por darnos nueva vida en ti. Ya no estamos atrapados en los caminos del mundo, sino que podemos experimentar libertad en Cristo. Ayúdanos a recordar todos y cada uno de los días que somos tuyos. Amén.

Sus dones y talentos

Ya que usted es una creación intencional de Dios, esto significa que usted no genera su propia misión en la vida, ¡la descubre! Cuando adopta esta perspectiva, la vida se convierte en una jornada de descubrimiento, una aventura hacia el propósito y la misión personales.
Reggie McNeal[12]

Así que, hermanos, os ruego por las misericordias de Dios, que presentéis vuestros cuerpos en sacrificio vivo, santo, agradable a Dios, que es vuestro culto racional [...] Porque de la manera que en un cuerpo tenemos muchos miembros, pero no todos los miembros tienen la misma función, así nosotros, siendo muchos, somos un cuerpo en Cristo, y todos miembros los unos de los otros. De manera que, teniendo diferentes dones, según la gracia que nos es dada, si el de profecía, úsese conforme a la medida de la fe; o si de servicio, en servir; o el que enseña, en la enseñanza; el que exhorta, en la exhortación; el que reparte, con liberalidad; el que preside, con solicitud; el que hace misericordia, con alegría.

Romanos 12:1, 4-8

Dios ha bendecido generosamente a cada creyente con dones y talentos. Es emocionante ver esas habilidades salir a la luz en mis hijas a medida que crecen. Me sentí emocionado y orgulloso cuando mi hija mayor realizó un solo en el concierto invernal del coro de la escuela. Fue una recompensa ver que los trabajos escritos de mi hija menor recibieran la admiración de su maestra. Hace bien a mi corazón cuando mi hija de en medio les echa una mano a los estudiantes con necesidades especiales de su escuela. Cada padre tiene un sentir de satisfacción cuando los talentos de su hija toman forma delante de sus ojos.

Me encanta orar por las habilidades singulares de mis hijas. Celebro la manera en que Dios hizo únicas cada una de sus personalidades. ¡Si usted tiene más de una hija, es probable que se haya rascado la cabeza preguntándose cómo los hijos de los mismos padres pueden ser tan diferentes entre sí! Confirma que son la obra de Dios; si nosotros los hubiéramos creado, serían similares como de un mismo molde y los haríamos justo como nosotros. Es importante tener en mente que Dios es la fuente de sus intereses, dones y habilidades. Les concede los deseos de su corazón (Salmos 37:4) y terminará en ellas su obra conforme a su diseño (Filipenses 1:6).

Como padres estamos incluidos en la obra que Dios hace en la vida de nuestras hijas. Tenemos el privilegio de descubrir todas las cualidades maravillosas que ha hecho. Compartimos sus aventuras a medida que intentan cosas nuevas. Las apoyamos en hacer crecer sus talentos y encontrar oportunidades para usarlos. Cuando oramos por nuestras hijas, le pedimos a Dios por dirección en cómo fomentar su confianza al tomar nuevos desafíos. Podemos recordarles que son especiales a los ojos de Dios cuando se sienten inferiores. Él nos puede mostrar cómo ayudar en maneras concretas —proveyendo lecciones, entrenando a sus equipos, comprando suministros para manualidades— de modo que puedan desarrollar sus talentos de todo corazón.

Por medio de la oración le pido a Dios que guarde el corazón de mi hija. Cuando se sienta tentada a trabajar para su propio logro y gloria, Él puede revelarle cómo usar sus dones para Él. El propósito de Dios es que nos sirvamos y nos bendigamos unos a otros con las habilidades que nos ha dado, no impresionar a otras personas y encontrar nuestra propia ganancia. Es importante que yo establezca un ejemplo en mi propia vida. Cuando sirvo, ¿busco la gratitud de los demás? ¿Trabajo duro para impresionar a mi jefe y ganar más dinero? ¿Estoy más interesado en atraer atención a mí mismo o a Aquel que me creó? Si mi hija ve un corazón humilde y generoso en mí se sentirá animada a cuidar de los demás también.

Mi hija vive en un mundo que la define por su éxito. Idolatramos a los artistas y vemos programas de televisión sobre el estilo de vida de las celebridades. Parece que las niñas juegan más a "la estrella de rock" que a la casita en esta época. Se les dice a las niñas que su valor proviene de su belleza y sus logros en lugar del hecho de que han sido creadas por Dios mismo. Puedo ayudarle a mi hija a recordar la fuente de sus dones por medio de orientarla de continuo al Señor. Cuando gane el partido u obtenga el papel en la obra, puedo dirigirla en oraciones de alabanza por lo que Dios la ha habilitado para hacer en su fuerza.

También puedo animar a mi hija por medio de recordarle que Dios la hizo única con el fin de bendecirla. Esa es la pura verdad para la chica con habilidad académica cuando los demás muchachos la llamen *nerd* o la mascota del profesor. O para el chico de quien se aprovechan a causa de su espíritu generoso que se preocupa por los demás. Si a mi hija le ha sido dada una medida adicional de compasión por el marginado, ella puede encontrarse hecha a un lado por el grupo de los populares. Mi hija necesitará valentía para ejercer sus dones cuando sean devaluados por los demás a su alrededor. Yo puedo caminar a su lado, para de continuo recordarle que confíe en Dios conforme le revele sus propósitos para su vida.

Necesito orar por ayuda para soltar el control en la vida de mi hija. Puedo aferrarme a mis sueños para ella en lugar de poner su futuro por completo en las manos de Dios. Si nuestros intereses y personalidades son opuestos en ciertas maneras, necesito darle libertad a mi hija de ser ella misma. Eso significa refrenarme de empujarla a las actividades que yo disfruto. Validarla como ella es en lugar de criticar su personalidad. ¡Y animarla incluso si los recitales de ballet hacen que me quede dormido! Me encanta que puedo recurrir al Señor en oración cuando pierdo de vista lo única y maravillosa que ella es en verdad.

Celebre a su hija como una creación de Dios. Ella es una obra de Dios formidable y maravillosa; estoy maravillado, y mi alma lo sabe muy bien (Salmos 139:14).

73

CUANDO ESTÉ DESCONTENTA

Sé vivir humildemente, y sé tener abundancia; en todo y por todo estoy enseñado, así para estar saciado como para tener hambre, así para tener abundancia como para padecer necesidad. Todo lo puedo en Cristo que me fortalece.

Filipenses 4:12-13

Estad siempre gozosos. Orad sin cesar. Dad gracias en todo, porque esta es la voluntad de Dios para con vosotros en Cristo Jesús.

1 Tesalonicenses 5:16–18

Este es el día que hizo Jehová; nos gozaremos y alegraremos en él [...] Alabad a Jehová, porque él es bueno; porque para siempre es su misericordia.

Salmos 118:24, 29

SEÑOR:

Somos muy rápidos para quejarnos y deseamos lo que no tenemos. Mi hija anhela el verano cuando está haciendo una pila de deberes escolares, pero extraña el ciclo escolar cuando el verano se siente largo y aburrido. Se molesta porque quiere ropa nueva, pero cuando no puede encontrar el conjunto correcto que le agrade en el centro comercial se va a casa con las manos vacías. Una joven mujer podría preocuparse de si alguna vez encontrará al "indicado", pero critica y se queja cuando tiene novio.

Guarda a mi hija de una perspectiva negativa, en la que la vida nunca se encuentra a la altura de sus expectativas. Ayúdala a desarrollar un corazón agradecido para que cuente sus muchas bendiciones todos los días. Dale aprecio por su familia, su hogar y su escuela, sus amigos y sus muchas posesiones materiales. Dale una conciencia aguda por su vida maravillosa; que sea guardada del hambre, el temor y la violencia que tantas otras niñas sufren alrededor del mundo.

Señor, incluso cuando pasamos apuros o tenemos que prescindir de algo, tu bondad para con nosotros nunca falla. No siempre entendemos por qué suceden las cosas, pero podemos confiar en tus planes perfectos porque prometes hacer que todo nos ayude a bien. Encontramos consuelo en conocer que tu amor por nosotros permanece para siempre. Atrae a mi hija a ti, para que pueda orar de continuo; encontrarse contigo le dará fuerza en cada situación.

Que nos regocijemos en cada nuevo día, sabiendo que estarás con nosotros a cada instante. Nos has bendecido más allá de lo que podemos medir. Todo lo que tenemos es un regalo de tu parte, y los regalos siguen llegando. Eres bueno y mereces toda nuestra alabanza para siempre. Amén.

74

CUANDO DUDE DE SU VALOR

Mas vosotros sois linaje escogido, real sacerdocio, nación santa, pueblo adquirido por Dios, para que anunciéis las virtudes de aquel que os llamó de las tinieblas a su luz admirable.

1 Pedro 2:9

¿No se venden cinco pajarillos por dos cuartos? Con todo, ni uno de ellos está olvidado delante de Dios. Pues aun los cabellos de vuestra cabeza están todos contados. No temáis, pues; más valéis vosotros que muchos pajarillos.

Lucas 12:6-7

SEÑOR:
    La confianza de mi hija se ha visto sacudida. Ha experimentado fracaso. A pesar de sus mejores esfuerzos no alcanzó la meta. Siente como que no encaja; es tímida y se siente extraña en un grupo. Se está volviendo cada vez más consciente de sus propias faltas pecaminosas. Está desanimada de que no siempre actúa

conforme a sus propios valores, mucho menos a los estándares que yo le enseño que cumpla.

Comienza a preguntarse si es lo suficientemente buena. No se siente única o especial. Se siente insignificante e invisible. Piensa que nunca vencerá sus debilidades. Teme que será rechazada por otras niñas cuando no encaje, por mí cuando sea desobediente o incluso por ti si cae en pecado.

Dale a mi hija plena certeza de tu amor. Que esté convencida de su gran valor a tu vista. No solo conoces cada detalle acerca de ella, sino que la creaste para un propósito y la has escogido para que sea tu hija. Dale ojos para ver las cualidades únicas que le has dado que la hacen destacarse. Anímala en saber que la niña que hoy es crecerá y cambiará. Cuando sea mayor se asombrará de la persona que diseñaste que fuera.

Fortalécela con el conocimiento de que está segura en tu amor y en el mío. Recuérdale que la has declarado justa por medio de la obra de Cristo; ella no tiene que ganar tu favor a través de la perfección. Nada de lo que haga o deje de hacer te haría alejarte de ella.

Muéstrame cómo animar a mi niña. Que mis palabras expresen lo mucho que la disfruto y la aprecio. Que yo te alabe de continuo por el regalo que es, y que ella sepa sin lugar a duda lo mucho que es apreciada.

Gracias por hacerla una princesa; la invaluable hija del Rey. Amén.

75

CUANDO TRATE DE
SER PERFECTA

Sino que lo necio del mundo escogió Dios, para avergonzar a los sabios; y lo débil del mundo escogió Dios, para avergonzar a lo fuerte; y lo vil del mundo y lo menospreciado escogió Dios, y lo que no es, para deshacer lo que es, a fin de que nadie se jacte en su presencia. Mas por él estáis vosotros en Cristo Jesús, el cual nos ha sido hecho por Dios sabiduría, justificación, santificación y redención; para que, como está escrito: El que se gloría, gloríese en el Señor.

1 Corintios 1:27-31

Y me ha dicho: Bástate mi gracia; porque mi poder se perfecciona en la debilidad. Por tanto, de buena gana me gloriaré más bien en mis debilidades, para que repose sobre mí el poder de Cristo. Por lo cual, por amor a Cristo me gozo en las debilidades, en afrentas, en necesidades, en persecuciones, en angustias; porque cuando soy débil, entonces soy fuerte.

2 Corintios 12:9-10

SEÑOR:
¡Tú y solo Tú eres perfecto! Eres omnisciente y omnipotente. Eres santo y la justicia está en tu mano. Tu Palabra sostiene la verdad absoluta. Tu sabiduría siempre es correcta, y tus obras no tienen comparación. Tus caminos son más altos que nuestros caminos; no podemos comenzar a comprender lo verdaderamente maravilloso que eres.

Mi hija trata de asirse de la perfección. La veo comenzar a quedar atrapada en la presión por tener éxito, ganar en todo y nunca cometer un error. Nunca quiere ser la culpable de un error o perder la buena opinión de nadie. Esta carga es agotadora y está fatigándola. No tiene paz porque piensa que si relaja sus esfuerzos por un momento, fracasará. Su sonrisa se desvanece con su esperanza.

Señor, Tú nunca dejas de trabajar en nosotros para hacernos más como Cristo. Estás plenamente al tanto de nuestra debilidad para darnos fuerza para vencer. Te pido que mi hija corra a ti por misericordia y ayuda en cada situación. Cambia su perspectiva para que desee que *tu* gloria sea revelada en ella. Dale entendimiento espiritual para que te vea moverte a través de sus debilidades y no de su fuerza. Que declare tu maravillosa obra en ella. Cuando tenga éxito o venza un desafío, que te alabe por habilitarla para hacerlo. Dale un corazón agradecido por todo lo que haces a su favor.

Guárdame de exigirle a mi hija que cumpla con un estándar no realista. Que yo no espere más de lo que puede dar o una madurez más allá de su edad. Guárdame del orgullo que usa su éxito para promover mi propia imagen delante de otros. Dame un corazón gentil y compasivo para aceptarla tal y como es. Hazme paciente a medida que crece en tu tiempo correcto.

Transfórmanos y renuévanos. Gracias por amarnos como somos y prometer que "el que comenzó en vosotros la buena obra, la perfeccionará hasta el día de Jesucristo" (Filipenses 1:6). Tenemos la esperanza de la perfección en ti. Amén.

76

CUANDO COMIENCE A PERDER LA ESPERANZA EN MI HIJA

El amor es paciente, es bondadoso. El amor no es envidioso ni jactancioso ni orgulloso. No se comporta con rudeza, no es egoísta, no se enoja fácilmente, no guarda rencor. El amor no se deleita en la maldad, sino que se regocija con la verdad. Todo lo disculpa, todo lo cree, todo lo espera, todo lo soporta. El amor jamás se extingue.

1 Corintios 13:4-8, NVI

Siempre humildes y amables, pacientes, tolerantes unos con otros en amor. Esfuércense por mantener la unidad del Espíritu mediante el vínculo de la paz.

Efesios 4:2-3, NVI

PADRE:
Mi hija al parecer da dos pasos hacia adelante y uno hacia atrás a medida que crece y madura. Ha batallado con las mismas debilidades y tentaciones por mucho tiempo. Cuando pienso que finalmente venció, se desliza de vuelta a donde estaba antes. Estoy decepcionado y frustrado. Me pregunto si alguna vez va a cambiar.

A medida que pierdo la fe en mi hija, se debilita nuestra relación. Ella tiene sus ojos puestos en mí y yo tengo dificultades para mostrarle calidez y afecto. No sabemos cómo hablar de este asunto; termina en un sermón más de mi parte con excusas y resistencia de la suya.

Ayúdame a tenerle paciencia y a creer que Tú trabajarás en ella en tu tiempo perfecto. Quiero amar como Tú, poner el pasado detrás y sostenerme de la esperanza para el futuro. Necesito gracia para aceptarla como es con todas sus imperfecciones. Dame tu corazón paternal que desea proteger a mi hija. Dale forma a mi perspectiva para que la guarde del pecado para su bien, no para satisfacer mis expectativas egoístas. Enséñame cómo venir a su lado y orientarla hacia tu fuerza para vencer cualquier desafío que atraviese. Restaura la confianza entre nosotros. Guárdanos de la aspereza y de las palabras habladas con enojo. Dale la certeza de que estoy de su lado. Hazme humilde para recordar que ambos somos pecadores que necesitan tu gracia. Ayúdanos a perdonarnos y a restaurar la paz entre nosotros.

Gracias por amarnos de manera perfecta para que sepamos cómo debe ser el amor. Que nunca me rinda con mi hija; que ella siempre esté segura de que tiene mi corazón. Y en este tipo de amor abundante y constante que Tú seas glorificado. Amén.

77

CUANDO SE EXPRESE

¡Oh Señor, cuán numerosas son tus obras! ¡Todas ellas las hiciste con sabiduría! ¡Rebosa la tierra con todas tus criaturas!

Salmos 104:24

Y Dios creó al ser humano a su imagen; lo creó a imagen de Dios. Hombre y mujer los creó.

Génesis 1:27

PADRE:

Te has revelado a toda la humanidad a través de lo que has hecho. Eres el Creador del mundo y de toda su belleza. Los cielos cuentan tu gloria, Dios, y el firmamento anuncia la obra de tus manos (Salmos 19:1).

Como estamos hechos a tu imagen, nos habilitas a cada uno de nosotros para compartir tu creatividad. La imaginación de mi hija y su impulso para construir, dibujar y explorar son dones que proceden de ti. Quién sabe qué canciones, estructuras arquitectónicas, libros, recetas, esculturas, aplicaciones digitales o paisajes podrían salir de su maravillosa mente.

Llena a mi hija de confianza para descubrir y crear. Dale oportunidades para experimentar diferentes medios de expresión.

Muéstrale cómo compartir sus emociones e ideas con otros a través de las obras de sus manos. Enséñale que te puede adorar de maneras incontables; todo lo que hace pueden ser ofrendas de amor para ti.

Muéstrame cómo alentar la creatividad en mi hija. Que yo detenga mi ajetreo para darle toda mi atención a sus dibujos, poemas y puestas en escena. Hazme el mayor fan en cada evento escolar y concierto. Ayúdame a afirmar sus esfuerzos y a callar cualquier crítica que la pueda herir antes de que salga de mi boca. Hazme humilde para apreciar sus creaciones infantiles.

Danos la provisión de cualquier material, lección, instrumentos o espacio de trabajo que necesite. Muéstrale los talentos que le has dado por tu Espíritu. Incluso cuando sea mayor y quede enfrascada en el trabajo y los estudios, mantén viva su imaginación.

Gracias por hacer este mundo y compartir sus maravillas con todos nosotros. Y gracias por crear a mi hija; su risa, su belleza, su sonrisa. Es un asombroso regalo tuyo. Amén.

78

CUANDO LE DÉ DEMASIADO

Vanidad y palabra mentirosa aparta de mí; no me des pobreza ni riquezas; mantenme del pan necesario; no sea que me sacie, y te niegue, y diga: ¿Quién es Jehová? O que siendo pobre, hurte, y blasfeme el nombre de mi Dios.

Proverbios 30:8-9

No temáis, manada pequeña, porque a vuestro Padre le ha placido daros el reino. Vended lo que poseéis, y dad limosna; haceos bolsas que no se envejezcan, tesoro en los cielos que no se agote, donde ladrón no llega, ni polilla destruye. Porque donde está vuestro tesoro, allí estará también vuestro corazón.

Lucas 12:32-34

SEÑOR:
Tú dices que los padres saben cómo dar buenas cosas a sus hijos (Mateo 7:11). Yo encuentro satisfacción en saber que mi hija está bien alimentada, vestida de ropa caliente y limpia y a salvo en una casa cómoda. Le proveo transporte a donde necesita ir, me mantengo atento a su educación y me aseguro de que tenga atención médica cuando sea necesario.

No obstante, cuando se trata de cualquier cosa fuera de sus necesidades, puedo confundirme. ¡No siempre estoy seguro de si la bendigo o la malcrío! Puede ser difícil resistirse a ella cuando pide algo con esos grandes y hermosos ojos y su dulce sonrisa.

Dame la sabiduría de saber cuándo abrir la cartera y cuándo decir que no. Dame discernimiento para saber cuándo es suficiente.

Ayúdame a bendecirla tan ricamente que nunca tenga que esperar algo que desea. No permitas que le dé tanto que pierda la satisfacción de obtener una recompensa mediante el trabajo.

Señor, no quiero reemplazarte en su vida. Si soy el proveedor constante de cada deseo de su corazón, nunca acudirá a ti en oración ni se deleitará en verte responder. Nunca desarrollará paciencia para esperar en tu tiempo perfecto a que suplas sus necesidades. Se volverá tan consumida por las cosas materiales que desarrollará un espíritu codicioso y odiará compartir. Las posesiones se convertirán en su primer amor en lugar tuyo.

En los momentos en que batallo financieramente, me duelo más por sus pérdidas que por las mías. Dame la confianza de que usarás estas circunstancias para enseñarnos gratitud y paciencia. Que estos tiempos desarrollen compasión en nuestro corazón por los que sufren. Edifica nuestra fe en ti y en tus promesas para proveer y suplir nuestras necesidades.

Gracias por cada regalo que has derramado sobre nuestra familia. Que busquemos primero tu Reino; que encontremos nuestro tesoro en ti y solo en ti. Amén.

Una historia de oración

Hasta un martes en particular de noviembre mi hija Grace había tenido una buena experiencia en su primer año en la escuela. Estaba en preescolar y le encantaba la aventura de conocer personas y aprender cosas nuevas. Pero ese martes por la mañana, mientras Grace estaba en mi oficina preparándose para ir a la escuela para una excursión por la tarde, comenzó a quejarse de que no se sentía bien y de que no quería ir a la escuela, aunque no tenía ninguna señal de enfermedad. Cuando le dije que si se quedaba en casa tendría que estar en cama toda la tarde, ni parpadeó. "Está bien", dijo. A Grace no le gustaba quedarse en cama incluso si estaba enferma, así que le pregunté si había pasado algo en la escuela. "Ayer en el patio de juegos en el recreo nadie quiso jugar conmigo. Le pregunté a dos niñas diferentes y me dijeron que no". Podía sentir la tristeza en su voz.

Mi primer instinto fue tratar de encontrar a esas niñas que no querían jugar y decirles lo que pensaba de ellas. Por supuesto, sabía que eso estaba mal. Mi segundo instinto parecía mejor. "¿Y si mamá va contigo? ¿Te sentirías mejor de ir?". Grace se alegró y dijo: "¡Sí!". Pero de inmediato, sentí la indicación en mi espíritu de que de hecho mi segundo instinto no era suficientemente mejor que el primero, en especial porque mi esposa, Lisa, me recordó que cuidaría de nuestros dos hijos menores esa tarde y no podría ir. Fue cuando sentí que Dios me dijo lo que debería haber dicho desde el principio. "¿Y si oro extrafuerte para que Dios vaya contigo? ¿Irías entonces?". Grace estuvo de acuerdo en que si yo oraba ella iría. Oramos juntos y luego se fue.

Esa tarde, cancelé mis reuniones para poder tener tiempo para orar solo por Grace y su excursión. Oré de manera sincera y ferviente, oré como si la vida espiritual de Grace dependiera de ello. "Dios —dije—, se que hay veces en las que tenemos que aprender que no todo en la vida nos va bien solo porque oramos. Pero te pido que no sea hoy. Que hoy Grace aprenda que respondes la oración. Por favor te pido que estés con ella de una manera tan obvia que edifique su fe y la lleve a confiar en ti. Sé que si Lisa hubiera ido con ella, o si yo hubiera ido con ella, su confianza estaría en nosotros. Ahora, Señor, Tú puedes hacer que su confianza esté en ti. Tú has prometido que nunca dejarás a Grace ni la desampararás. Ahora cumple esa promesa de una manera poderosa para que ella pueda conocer que Tú eres real". Oré esas palabras una y otra vez durante el tiempo en que Grace se encontraba en la excursión.

Cuando dieron las 3:25 p. m., me aseguré de estar en la puerta de la escuela para recogerla.

"¿Cómo te fue en la excursión?", le pregunté con impaciencia.

"¡Estuvo excelente, papi! ¡Dios realmente respondió nuestras oraciones!", respondió Grace.

Gracias, Señor.

. . . .

Jim Samra, *pastor principal de Calvary Church, Grand Rapids, Michigan; autor de* The Gift of Church [El regalo de la iglesia], Being Conformed [Conformarse], y God Told Me [Dios me dijo]

79

CUANDO NECESITE AMAR A DIOS CON TODO SU CORAZÓN

Jesús le dijo: Amarás al Señor tu Dios con todo tu corazón, y con toda tu alma, y con toda tu mente. Este es el primero y grande mandamiento.

Mateo 22:37-38

Enséñame, oh Jehová, tu camino; caminaré yo en tu verdad; afirma mi corazón para que tema tu nombre. Te alabaré, oh Jehová Dios mío, con todo mi corazón, y glorificaré tu nombre para siempre.

Salmos 86:11-12

Ahora, pues, Israel, ¿qué pide Jehová tu Dios de ti, sino que temas a Jehová tu Dios, que andes en todos sus caminos, y que lo ames, y sirvas a Jehová tu Dios con todo tu corazón y con toda tu alma; guardes los mandamientos de Jehová y sus estatutos, que yo te prescribo hoy, para que tengas prosperidad? He aquí, de Jehová tu Dios son los cielos, y los cielos de los cielos, la tierra, y todas las cosas que hay en ella.

Deuteronomio 10:12-14

SEÑOR:
    Algunas veces podemos quedar satisfechos con solo un poco de ti. Somos alentados por la adoración el domingo en la mañana, pero mostramos incluso más entusiasmo durante el partido de fútbol americano del lunes por la noche. Pasamos más tiempo leyendo los titulares que leyendo tu Palabra, incluso aunque promete que cambiará nuestra vida. Oramos por los alimentos, pero no tomamos el tiempo de clamar a ti de rodillas y experimentar tu presencia.

Danos un corazón para amarte sobre todo lo demás. Que todos estemos completamente comprometidos contigo, dispuestos a obedecerte en todas las cosas, servirte con toda nuestra energía y hacer todo para tu gloria. Voltea hacia ti el corazón de mi hija. Revélate de modo que pueda ver tu poder. Dale fe para creer que eres su Creador, que mereces toda su adoración y alabanza.

Guarda a mi hija de dedicarse a cosas menores. Su atareado horario puede dejar fuera el tiempo contigo. Puede volverse más apegada a otras niñas que a ti, su verdadero Amigo. Puede quedar satisfecha con solo agradarme en lugar de averiguar tu voluntad y cómo le estás pidiendo que obedezca. Ella puede encontrar un deleite mayor en las bendiciones que recibe que en Aquel que es la fuente de todo lo bueno en su vida.

Necesitamos tu ayuda para mantener nuestra fe en lo que no podemos ver. Que seas tan real para nosotros como cualquiera que podamos ver cara a cara. Ayúdanos a amarte con todo nuestro corazón para que vivamos para ti sin reservas. Tómanos, Señor, y mantennos cerca de ti para siempre. Amén.

80

CUANDO NECESITE COMPASIÓN

Este es mi mandamiento: Que os améis unos a otros, como yo os he amado. Nadie tiene mayor amor que este, que uno ponga su vida por sus amigos.

Juan 15:12-13

Un mandamiento nuevo os doy: Que os améis unos a otros; como yo os he amado, que también os améis unos a otros. En esto conocerán todos que sois mis discípulos, si tuviereis amor los unos con los otros.

Juan 13:34-35

Habiendo purificado vuestras almas por la obediencia a la verdad, mediante el Espíritu, para el amor fraternal no fingido, amaos unos a otros entrañablemente, de corazón puro [...] Finalmente, sed todos de un mismo sentir, compasivos, amándoos fraternalmente, misericordiosos, amigables.

1 Pedro 1:22; 3:8

PADRE:
     Mi hija, al igual que cualquier otra persona, ha experimentado heridas y dolor. Este mundo presenta riesgos y peligros. De manera inevitable sufrirá la pérdida de seres queridos por enfermedades y accidentes trágicos. Quizá pierda un trabajo, una amiga o un sueño que le es muy querido. Quizá le mientan, la defrauden y la decepcionen.
     Gracias que aunque vivimos en este mundo quebrantado, nos

das consuelo. En tu maravilloso plan creaste una familia espiritual a la cual pertenecemos. Has provisto un refugio de las tinieblas en la amorosa comunidad de tu pueblo.

Ayuda a mi hija a experimentar amor cristiano real. Pon personas amorosas en su vida que puedan ser como Jesús para ella. Cuando se sienta sola o sienta que no pertenece, ayúdala a encontrar amistad con otros creyentes. Si está confundida con respecto a una decisión que encuentre consejo sabio. Cuando tenga una necesidad financiera o material, insta a un hermano o hermana en Cristo para ser generosos y la ayuden. Cuando suceda algo maravilloso en su vida, acerca a otros para celebrar con ella.

Permite que mi hija sea tu luz en el mundo. Usa su humildad, generosidad y compasión para darle a los demás un atisbo de ti. Dale oportunidades no solo para alentar con sus palabras, sino para dar de manera generosa a todos. Hazla una pacificadora, rápida para resolver los conflictos con los demás. Dale un espíritu perdonador para que pueda mostrar gracia cuando otros la defrauden.

Cuando mi hija vaya a la escuela y cuente la historia de cómo su iglesia se ha preocupado por ella, úsalo para atraer a otros muchachos a ti. Si en nuestra iglesia no se están amando unos a otros como Tú deseas, dame la valentía para liderar el camino con mi ejemplo. Y si debemos hacer un cambio y encontrar una iglesia que viva tu voluntad a mayor plenitud, dame la sabiduría para saber dónde.

Usa la compasión de tu pueblo para convencer a mi hija plenamente de *tu* amor por ella. Gracias por darnos un lugar donde pertenecer. Tu misericordia va más allá de todo lo que pudiéramos esperar o pedir. Amén.

81

CUANDO PASE POR PRUEBAS

Hermanos míos, considérense muy dichosos cuando tengan que enfrentarse con diversas pruebas, pues ya saben que la prueba de su fe produce constancia. Y la constancia debe llevar a feliz término la obra, para que sean perfectos e íntegros, sin que les falte nada.

Santiago 1:2-4, NVI

Bendito el Dios y Padre de nuestro Señor Jesucristo, que según su grande misericordia nos hizo renacer para una esperanza viva, por la resurrección de Jesucristo de los muertos, para una herencia incorruptible, incontaminada e inmarcesible, reservada en los cielos para vosotros, que sois guardados por el poder de Dios mediante la fe, para alcanzar la salvación que está preparada para ser manifestada en el tiempo postrero. En lo cual vosotros os alegráis, aunque ahora por un poco de tiempo, si es necesario, tengáis que ser afligidos en diversas pruebas, para que sometida a prueba vuestra fe, mucho más preciosa que el oro, el cual aunque perecedero se prueba con fuego, sea hallada en alabanza, gloria y honra cuando sea manifestado Jesucristo.

1 Pedro 1:3-7

SEÑOR:
Es difícil para mí sentarme a ver a mi hija batallar. Quiero arreglar cada problema y protegerla de todo tipo de dolor. Sin embargo, es imposible librarla de las pruebas de la vida. Sería absurdo intentarlo.

Dame la fe para ver que tienes un propósito para las dificultades que se le presentan. Sin desafíos, no puede aprender a resistir y vencer. Ella no descubrirá que puede correr a ti y encontrar tu maravillosa liberación. Se perdería de la paciencia y la fe que quieres desarrollar en su corazón.

Cuando mi hija tenga un concepto académico, habilidad atlética o pieza musical que simplemente parezca no poder aprender, dale perseverancia para seguir trabajando hasta que lo domine. Cuando una relación se rompa y la comunicación parezca imposible, trae perdón y comprensión entre ellos. Cuando esté combatiendo la enfermedad durante largo tiempo sin recuperar su fuerza, trae sanidad y energía a su cuerpo. Cuando ceda a la misma tentación una y otra vez y crea que nunca encontrará la fuerza para resistir, muéstrale que puedes darle todo lo que necesita para mantenerse firme.

Revélale a mi hija el maravilloso misterio de que las pruebas pueden ser bendiciones disfrazadas. En ellas descubrimos lo mucho que te necesitamos. Encontramos esperanza y ayuda en ti que van más allá de nuestras expectativas. Somos transformados en personas de fuerza y fe a medida que perseveramos hasta que la dificultad haya pasado.

Usa estos tiempos difíciles para desarrollar la confianza de mi hija en ti. Úsalos para que se acerque a ti a descubrir tu amor. Que te alabe por tu bondad y te agradezca por cada situación que la moldee en la niña que diseñaste que fuera. Eres un Dios asombroso; solamente Tú puedes tomar su dolor y convertirlo en algo hermoso. Amén.

Su relación con Dios

Sea ejemplo de sus hijos en que, más que una cosmovisión o un estilo de vida, el cristianismo es primero y sobre todo una relación íntima con el Padre.

Dr. Chap Clark y Dra. Kara E. Powell[13]

> Puestos los ojos en Jesús, el autor y consumador de la fe, el cual por el gozo puesto delante de él sufrió la cruz, menospreciando el oprobio, y se sentó a la diestra del trono de Dios.
>
> Hebreos 12:2

Tengo muchas responsabilidades como padre: proveer, proteger, instruir y amar. ¡Pero mi propósito absoluto más alto es presentarle a Dios a mi hija! A través de mis palabras y ejemplo, ella necesita escuchar la verdad de quién es Él y cuánto la ama.

Mi mayor deseo es que mi hija ponga su confianza en Dios. Que entienda el mensaje del evangelio ya que revela la obra de Cristo y cómo puede ser salva. Para que ame al Señor con toda su alma y mente y fuerzas (Marcos 12:30). Cualquier otra esperanza que tenga para ella no tiene valor en comparación con conocer a su Salvador.

Gracias a Dios es el Señor quien finalmente la atraerá a sí mismo. Yo no tengo el poder de salvarla de sus pecados, pero puedo reposar en saber que Él es plenamente capaz de alcanzar el corazón de mi hija. Me alienta que Dios escuche mis oraciones por mi hija, sea que pida por su salvación o que la ayude a permanecer fiel en seguirlo.

También oro por ayuda para vivir una vida santa delante de ella. Ella puede detectar si tengo doble moral o si vivo para agradarme a mí mismo. Pido que yo viva en obediencia en cada área y que rinda mi vida al control de Dios. Te pido ayuda para mantenerme diligente en mi estudio de la Palabra para que ella sepa cuál es la fuente de mi sabiduría y valores. Dios me ayuda a servir a otros cuando estoy cansado. Y puede darme amor incondicional por mi hija que refleje el perfecto amor que tiene por ella también.

En su libro *Raising Kids Who Turn Out Right* [Cómo criar niños que terminen bien], el Dr. Tim Kimmel sabiamente dijo: "Un niño no aceptará un plan de vida al que sus padres solo le den un asentimiento mental. Si un niño va a aceptar la fe como propia, debe ver que la viven. Que está viva, respira y funciona. ¡En USTED!".[14] Oro continuamente que mi andar con Dios se trate de adoración en lugar de solo seguir las reglas. Quiero que mi hija vea autenticidad, donde lo que yo diga compagine con la forma en que vivo. Le pido que permanezca siendo mi fiel Dios para que no ame las cosas del mundo más que a Él.

Dios tiene algunas promesas asombrosas para nosotros. Dice "que nos bendijo con toda bendición espiritual en los lugares celestiales en Cristo" (Efesios 1:3). Y me dice que: "Como todas las cosas que pertenecen a la vida y a la piedad nos han sido dadas por su divino poder, mediante el conocimiento de aquel que nos llamó por su gloria y excelencia" (2 Pedro 1:3). Esos versículos me animan cuando me siento como un fracaso espiritual. Me hacen saber que tengo todo lo que necesito para criar a mi hija. Él me da la fuerza cuando me siento inadecuado.

Como Dios me ha dado todas esas bendiciones espirituales, estoy emocionado de compartirlas con mi hija. Puedo comprometerme con una iglesia local y colocar a mi hija en un cuerpo de creyentes quienes cuidarán de ella. Puedo abrir la Palabra y estudiar con ella de manera regular. Las "reglas de la casa" pueden reflejar los caminos perfectos de Dios por medio de alentar amabilidad y respeto. Puedo compartir la gracia de Dios por medio de un espíritu de perdón que nunca la rechace. Podemos disfrutar la adoración juntos, orar y cantar con la música del coche. Podemos encontrar el gozo de servir a los demás como familia a través de ayudar a los que están a nuestro alrededor. Puedo disfrutar a Dios con ella cada vez que agradezco por las cosas buenas que hace por nuestra familia.

Quizá su hija tenga sus dudas con respecto a la fe que

usted ha abrazado. Quizá ella tenga problemas para creer en alguien que no puede ver. Ella podría estar teniendo dificultades para renunciar a sus propios deseos para obedecer la voluntad de Dios. Satanás puede incluso poner anteojeras sobre su mente y corazón de modo que sea difícil para ella escuchar la verdad de Dios. Quizá le pidió a Jesús que entrara en su corazón de niña, pero está perdiendo su compromiso de vivir para Él. Encuentre consuelo en saber que Dios puede alcanzarla.

Siga amándola justo donde se encuentra. Siga orando de manera fiel por ella.

Y sepa que sus oraciones sí marcan una diferencia. "La oración eficaz del justo puede mucho" (Santiago 5:16). Tomémonos de esa promesa mientras continuamos con orar por nuestras hijas y jamás nos demos por vencidos.

82

CUANDO SE SIENTA CULPABLE

Ahora, pues, ninguna condenación hay para los que están en Cristo Jesús.

Romanos 8:1

Así que, hermanos, teniendo libertad para entrar en el Lugar Santísimo por la sangre de Jesucristo, por el camino nuevo y vivo que él nos abrió a través del velo, esto es, de su carne, y teniendo un gran sacerdote sobre la casa de Dios, acerqué-monos con corazón sincero, en plena certidumbre de fe, purificados los corazones de mala conciencia, y lavados los cuerpos con agua pura. Mantengamos firme, sin fluctuar, la profesión de nuestra esperanza, porque fiel es el que prometió.

Hebreos 10:19-23

Busqué a Jehová, y él me oyó, y me libró de todos mis temores. Los que miraron a él fueron alumbrados, y sus rostros no fueron avergonzados.

Salmos 34:4-5

PADRE:
Mi hija ha pecado. Ella sabía lo que debía hacer, pero su corazón estaba decidido a hacer las cosas a su manera. Fue sorprendida por el momento y tomó la decisión equivocada. Las consecuencias son dolorosas.

Se siente avergonzada de haber ido en contra de su conciencia cuando sabía lo correcto. Ella duda de que pueda ser perdonada por ti, porque no parece poder perdonarse a sí misma.

Dale a mi hija la certeza de tu gracia. Ella confesó su pecado, está comprometida con arrepentirse a través de volver al camino correcto y sabe que ha sido perdonada por mí. Dale fe para creer en la obra de Cristo en la cruz, quien pagó el castigo por su pecado y que ya no se requiere ningún otro pago. No estás airado, pero vela con compasión. Quizá quieras usar esta experiencia para revelarle tu misericordia y hacerla más santa y perfecta.

Convéncela de que quieres moldear su carácter y no castigarla. Quieres que se regocije en tu salvación en lugar de morar en su vergüenza. Tú quieres atraerla a ti con confianza en lugar de que se retraiga en temor. Llena su corazón con confianza en tu misericordia y esperanza en su futuro eterno contigo.

Hazme como Tú como padre. Cuando ella me decepcione o me defraude, que la perdone sin llevar la cuenta de sus fracasos en mi mente. Guárdame de dragar memorias de sus errores pasados para hacerla sentir avergonzada. Ayúdame a calmar mis emociones frustradas para permanecer amable y accesible. Guárdame del enojo que la pueda alejar, temerosa de venir a mí cuando ha fallado.

Gracias por tu promesa: "Nunca más me acordaré de sus pecados y de sus iniquidades" (Hebreos 8:12). Nos liberas de condenación, nos limpias y renuevas, y nos invitas a acercarnos a ti. Te amamos y alabamos tu nombre.

Amén.

83

CUANDO SE COMPARE CON OTROS

Pero tú, ¿por qué juzgas a tu hermano? O tú también, ¿por qué menosprecias a tu hermano? Porque todos compareceremos ante el tribunal de Cristo. Porque escrito está: Vivo yo, dice el Señor, que ante mí se doblará toda rodilla, y toda lengua confesará a Dios. De manera que cada uno de nosotros dará a Dios cuenta de sí. Así que, ya no nos juzguemos más los unos a los otros.

Romanos 14:10-13

Donde no hay griego ni judío, circuncisión ni incircuncisión, bárbaro ni escita, siervo ni libre, sino que Cristo es el todo, y en todos. Vestíos, pues, como escogidos de Dios, santos y amados, de entrañable misericordia, de benignidad, de humildad, de mansedumbre, de paciencia.

Colosenses 3:11-12

PADRE:

Las niñas son rápidas en observar quién es más popular en la escuela. Analizan las decisiones de moda de las demás. Comparan para ver quién es la que tiene más sobrepeso o usa el tamaño más pequeño. Quien tiene las notas escolares más altas. Quien tiene lo último en tecnología y los padres más estrictos o indulgentes. Su mente está en un estado constante de medir cómo se comparan con las demás.

Es común para las niñas levantarse a sí mismas por medio de criticar a las demás. Piensan que si atraen la atención a las faltas y excentricidades de otros chicos, las hará ver mejor en comparación. O sienten envidia de la alabanza y atención que se le da a alguien más, así que critican y se burlan como resultado de su envidia.

Defiende a mi hija de los que podrían criticarla. Dale confianza en tu amor y el mío para que se sienta segura. Guárdala de tomar a pecho la descortesía por medio de confiar en quién dices que ella es: la hija del Rey, quien fue amada antes de la fundación del mundo. Recuérdale su valía y las maravillosas cualidades que has entretejido en su mente y personalidad.

Dale a mi hija verdaderas amigas que la aprecien tal y como es. Guárdala de un espíritu competitivo que la haga tratar de ser mejor que la otra en todo. Haz sus corazones humildes para aceptar que todas las personas son defectuosas en distintas maneras. Dales compasión y misericordia para alcanzar a las niñas a su alrededor con el don de la amistad.

Llena de gratitud el corazón de mi hija por tu salvación. Cuando se vea tentada a sentirse superior a los demás en cualquiera manera, recuérdale que todos hemos pecado y que estamos perdidos sin ti. Cuando sea insegura y se sienta inferior porque otras niñas parezcan más talentosas o hermosas, que confíe en tu perfecto amor que nunca muestra favoritismo.

Mi hija se tropezará cada vez que se compare con otras. Que juzgue su valía y acciones solo por tus estándares. Dale un espíritu generoso para que pueda celebrar lo bueno que ve en los que están a su alrededor. Guarda su boca de palabras de crítica y dale un corazón abierto para aceptar a las personas como son.

Gracias por liberarnos de la trampa de la comparación. Nos has aceptado y adoptado como tus hijos. Nos haces nuevos y nos das esperanza para el futuro. Alabamos tu glorioso nombre. Amén.

84

CUANDO ANHELE SER BELLA

Engañosa es la gracia, y vana la hermosura; la mujer que teme a Jehová, ésa será alabada.

Proverbios 31:30

Vuestro atavío no sea el externo de peinados ostentosos, de adornos de oro o de vestidos lujosos, sino el interno, el del corazón, en el incorruptible ornato de un espíritu afable y apacible, que es de grande estima delante de Dios.

1 Pedro 3:3-4

Porque tú formaste mis entrañas; tú me hiciste en el vientre de mi madre. Te alabaré; porque formidables, maravillosas son tus obras; estoy maravillado, y mi alma lo sabe muy bien.

Salmos 139:13-14

P ADRE:
    Sé que tengo prejuicios, pero creo que ¡mi hija es la niña más hermosa del mundo! Quedé cautivado desde que la pusieron en mis brazos el día de su nacimiento. Su risa y sonrisas son contagiosas,

y me derrito cuando envuelve sus brazos a mi alrededor y me dice:
"Te amo".

Me duele cuando la veo dudar de lo hermosa que es. Quiero que
crea que es especial en todos los aspectos. Es doloroso verla preocuparse y llorar por su piel, su peso y su guardarropa, y preguntarse
si será aceptada y si encajará.

Quiero que encuentre reposo de todos sus esfuerzos por "arre-
glarse": comprar ropa, cuestionar su dieta, peinarse de seis maneras
distintas antes de salir a la escuela por la mañana. Algunas veces
pierdo la paciencia, pienso que es vana y que pierde el tiempo. Me
frustra que no importa cuánta ropa le compre, ¡no tiene nada que
ponerse! Me pregunto cómo puede pasar toda una tarde con sus
amigas experimentando con barniz de uñas y maquillaje.

Libera a mi hija para saber que la verdadera belleza se encuentra
en su ser interior. No importa cuánta energía invierta en perfec-
cionar su apariencia, nunca les ganará a los efectos del tiempo. No
puede controlar los genes que la hicieron alta o baja. Los acciden-
tes dejan cicatrices que no puede esconder. Si cree que su belleza
externa es todo lo que importa, caerá en desánimo y desaliento.

Llena a mi hija con tu Espíritu. Enséñale a su corazón a valorar
una actitud gentil y apacible. Una niña llena de amor y compasión
siempre es la niña más hermosa del salón.

Recuérdale a mi hija que ella es tu creación. Has declarado que
es una obra formidable y maravillosa. Diseñaste cada detalle físico
con amor y cuidado; ella puede descansar en saber que es exacta-
mente como debería ser.

Úsame para animarla y amarla bien. Dame ojos para ver lo que
importa más. Que yo afirme sus cualidades internas —inteligencia,
un espíritu que ve por los demás, sentido del humor, generosidad— más que enfocarse en su apariencia externa. Que te alabe de
continuo por el hermoso regalo que es mi hija. Gracias por la esperanza y protección que ella puede encontrar en ti. Que descanse en
tu gran amor como tu hija. Amén.

85

CUANDO NECESITE PERSEVERAR

Para que andéis como es digno del Señor, agradándole en todo, llevando fruto en toda buena obra, y creciendo en el conocimiento de Dios; fortalecidos con todo poder, conforme a la potencia de su gloria, para toda paciencia y longanimidad.

Colosenses 1:10-11

No nos cansemos, pues, de hacer bien; porque a su tiempo segaremos, si no desmayamos.

Gálatas 6:9

Siempre en todas mis oraciones rogando con gozo por todos vosotros, por vuestra comunión en el evangelio, desde el primer día hasta ahora; estando persuadido de esto, que el que comenzó en vosotros la buena obra, la perfeccionará hasta el día de Jesucristo.

Filipenses 1:4-6

SEÑOR:
    Mi hija está a punto de renunciar. Está cansada. Está frustrada. Esta aburrida. No cree que sus esfuerzos vayan a dar fruto. Piensa que es demasiado difícil

Usa esta situación para enseñarle a mi hija a perseverar. Está tan enfrascada en el momento que no puede ver un final a la vista. Dale un impulso fresco de energía y confianza para que continúe.

Tú conoces el trabajo que ha hecho. Se está estirando más allá de lo que piensa que es capaz. Le está exigiendo que se eleve más allá de sus dudas y debilidades. Alienta su corazón para saber que este desafío le traerá bendiciones si lo lleva hasta el final.

Que vea que no solo intenta ganar un premio, impresionar una audiencia, obtener una calificación o afinar sus habilidades. Tú quieres usar esta experiencia para transformar su carácter. Que te descubra como Ayudador y crezca en el conocimiento de tu poder. Ayúdala a descubrir que tienes recompensas asombrosas en mente que durarán para siempre.

Atrae a mi hija a ti para que pueda depender de tu fuerza. Desarrolla el fruto de la paciencia y la resistencia por tu Espíritu. Dale ojos para ver más allá de sus circunstancias a la obra espiritual que estás haciendo.

Úsame como un animador. Guárdame de palabras que la presionen o la critiquen que la derribarán. Haz que mi optimismo sea contagioso y que sea su mayor admirador.

Muéstrale a mi hija que contigo todas las cosas son posibles. Incrementa su conocimiento de ti para que pueda amarte más y más. Alabamos tu nombre por tu glorioso poder. Amén.

Una historia de oración

Mi hija mayor es una soñadora. Es creativa y confiada y cree en que tiene buenos planes para todos. Piensa en escenarios por anticipado y los desarrolla en su corazón antes de que comiencen. Su habilidad de soñar es tan vívida que la abruma en momentos. A menudo les tiene miedo a las nuevas oportunidades porque se han vuelto muy importantes en su corazón. Cuando es tiempo de comprometerse se resiste, se avergüenza o trata de imponer su voluntad a una situación que no puede controlar. Me he comprometido a orar por que aprenda a ajustar su don y desarrolle las habilidades que la ayudarán a apreciar sus fortalezas.

Estaba emocionada como solo se puede

emocionar una niña de cinco años por su próxima fiesta de cumpleaños. Cuando llegué a la casa corrió hacia mí y me gritó: "¡Hola, papá! Voy a tener una fiesta de cumpleaños, y necesito hacer las invitaciones".

Me entregó una pila de cartulinas y una caja de ceras para iluminar. Anunció el primer nombre de su lista y me pidió que escribiera una invitación. Luego, ceremoniosamente la enrolló y colocó una banda elástica decorativa alrededor de nuestra creación. Continuamos este proceso durante veinticinco invitaciones, que dicho sea de paso estaban bastante bien hechas.

Sintiéndose muy orgullosa de sí misma y de su papá, anunció: "Muy bien, necesitamos ir a la oficina de correos y enviarlas". Con eso, levantó su bolsa especial de invitaciones y se dirigió a la puerta. Admiré su confianza, pero había sucedido de nuevo. Sus sueños se habían adelantado a la realidad. En su corazón ya había ideado todo el plan, y esperaba que todo saliera según lo planeado.

Oré: *Jesús, por favor dame sabiduría sobre cómo proceder con mi preciosa hijita y ayudarla a aprender a ajustar sus expectativas a la realidad de la vida.*

Después de jugar, el primer pensamiento que me vino fue: Necesito decirle la verdad.

"Preciosa, no podemos llevar estas invitaciones a la oficina postal —le dije—. Estas son invitaciones personales, y necesitan ser entregadas en persona".

La mirada de su rostro era impresionante. De inmediato quedó decepcionada y frustrada. Uno podría pensar que le acababa de decir que estaba fea o que era una tonta. Podía ver los piñones de su mente girar mientras me imaginaba lo que de seguro pensaba: *No puede ser; todo se arruinó. Se supone que estas invitaciones se deben enviar por correo, se supone que el cartero las lleve a las casas. Ahora mis amigas no recibirán sus invitaciones, nadie vendrá a mi fiesta y no tendré una fiesta de cumpleaños. ¡Este va a ser el peor día de mi vida!*

La vi agonizar por esto, pero sabía que no podía

rescatarla. Tenía que darle tiempo para dejar que sus emociones se emparejaran con la verdad. Ella tiene una composición emocional llena de vida, así que es probable que siempre batalle con que sus emociones vayan a destiempo de las decisiones que debe tomar.

Le tomó como una hora esta vez, pero finalmente regresó con una mirada renovada de esperanza y expectación. "Papá, ¿podrías venir a la iglesia conmigo este domingo para que le entregue estas a todas mis amigas? Creo que todas estarán allí, y estas invitaciones las necesitamos entregar en persona".

Ahora estoy orando por ella de manera regular porque tengo la certeza de que será una lucha de toda la vida para ella. Veo una habilidad de liderazgo natural en ella y una creatividad optimista. No obstante, sus planes son tan vívidos, que ella siente que son reales tan pronto piensa en ellos. Cuando no puedan realizarse como los ha vislumbrado, será un desafío. También oro porque Dios prepare a un joven para que sea su futuro esposo quien tenga la habilidad de decirle la verdad y luego esperar con paciencia a que sus emociones se emparejen.

· ·

Bill Farrel, *coautor de* Los hombres son como waffles, las mujeres como espaguetis, Red-Hot Monogamy [Monogamia al rojo vivo] y The Best Decisions a Couple Can Make *[Las mejores decisiones que puede tomar una pareja]*

86

CUANDO SU REPUTACIÓN ESTÉ EN RIESGO

De más estima es el buen nombre que las muchas riquezas, y
la buena fama más que la plata y el oro.

Proverbios 22:1

No temas, porque yo estoy contigo; no desmayes, porque yo
soy tu Dios que te esfuerzo; siempre te ayudaré, siempre te
sustentaré con la diestra de mi justicia. He aquí que todos
los que se enojan contra ti serán avergonzados y confundi-
dos; serán como nada y perecerán los que contienden contigo.
Buscarás a los que tienen contienda contigo, y no los hallarás;
serán como nada.

Isaías 41:10-12

De manera que podemos decir confiadamente: El Señor es mi
ayudador; no temeré lo que me pueda hacer el hombre.

Hebreos 13:6

SEÑOR:
    La reputación de mi hija está amenazada. Aunque ha sido
diligente en hacer lo bueno, otras personas cuestionan su integridad. Creen que es engañosa y que ha manipulado la situación a su
conveniencia. Sin importar cuánto trate de explicar lo que sucede
en realidad, no puede convencer a nadie de la verdad.
    Te pido que aclares este malentendido. Trae la verdad a la luz para
que el nombre de mi hija sea limpiado. Dale a todos los involucrados

sabiduría y discernimiento para saber qué hacer y decir. Dale a cada persona la humildad de reconocer cualquier ofensa y pedir su perdón. Guarda el corazón de mi hija de amargura hacia sus acusadores. Guárdala de enojo o represalias aunque se sienta frustrada. Dale paz y gracia para continuar en silencio con hacer lo que sabe que es correcto. Usa esta situación para enseñarle paciencia; para esperar en ti por ayuda en lugar de tratar de arreglarlo por su cuenta. Protégela de desánimo hasta que tu obra esté completa.

Dame el entendimiento para saber cómo ayudar a mi hija. Mantén nuestras conversaciones centradas en ti y en tus promesas en lugar de en los errores de la gente. Si es tu voluntad, provee oportunidades para defenderla. Que sepa que mi fe en ella es firme.

Te pido que a medida que sea restaurada la reputación de mi hija, que también restaures las relaciones que están rotas en este momento. Haz de mi hija una pacificadora a través de un espíritu gentil y perdonador.

Usa esta experiencia para darle a mi hija compasión por los demás. Ínstala a apoyar a otros que necesiten ayuda. Dale la valentía para defender a los que sean insultados o mal entendidos. Hazla la persona en la que otros puedan confiar y apoyarse.

Gracias por tu promesa de ayudar a mi hija cuando te necesite. Eres más poderoso que nadie que pueda venir en su contra. En ti ella tiene valentía en lugar de temor, paz en lugar de preocupación y amabilidad en lugar de odio. Amén.

87

CUANDO MUESTRE FAVORITISMO

Hermanos míos, que vuestra fe en nuestro glorioso Señor Jesucristo sea sin acepción de personas. Porque si en vuestra congregación entra un hombre con anillo de oro y con ropa espléndida, y también entra un pobre con vestido andrajoso, y miráis con agrado al que trae la ropa espléndida y le decís: Siéntate tú aquí en buen lugar; y decís al pobre: Estate tú allí en pie, o siéntate aquí bajo mi estrado; ¿no hacéis distinciones entre vosotros mismos, y venís a ser jueces con malos pensamientos? Hermanos míos amados, oíd: ¿No ha elegido Dios a los pobres de este mundo, para que sean ricos en fe y herederos del reino que ha prometido a los que le aman?

Santiago 2:1-5

Nada hagáis por contienda o por vanagloria; antes bien con humildad, estimando cada uno a los demás como superiores a él mismo.

Filipenses 2:3

PADRE:
    Desde que era chica le he enseñado a mi hija a compartir con otros chicos. La he entrenado para decir "por favor" y "gracias", y a dejar que los demás vayan primero. La he animado a ser una ganadora generosa y nunca una mala perdedora. Conoce los Diez Mandamientos y la Regla de Oro. Está consciente de que está mal menospreciar a los demás con base en su raza, apariencia o discapacidad.

Todos estos valores son excelentes, pero pueden ser difíciles de practicar cuando enfrenta la amenaza del rechazo en la escuela. Tiene miedo de que si busca a las niñas que son dejadas fuera, son pobres o simplemente *diferentes*, terminará siendo marginada ella misma.

Las amigas de mi hija podrían presionarla para que se alinee con ellas cuando es amigable con las demás niñas. Quizá la critiquen y le digan que se cree más buena que los demás o que se cree superior o que está siendo desleal. Las niñas que valoran su imagen externa podrían verla mal si vive por prioridades distintas. Podría terminar frustrada y mal entendida.

Dale a mi hija la valentía para cuidar de todos. Guarda su corazón del orgullo. Guárdala de mostrar favoritismo. Hazla sensible a la guía de tu Espíritu para echarle una mano a los que tienen dificultades. Dale ojos para ver valor en cada persona sin importar lo diferentes que parezcan por fuera.

Que mi hija ponga el ejemplo entre sus compañeros. A medida que muestre gracia y buen corazón, que sus amigas sean inspiradas a hacer lo mismo. Que su luz brille delante de todos para que vean *tu* amor demostrado. Úsala como un testimonio viviente de tu bondad.

Que esté preocupada por agradarte a ti en lugar de a otras personas. Dale el gozo y la satisfacción de vivir su fe. Dale tu recompensa cuando pague algún precio por amar como Jesús.

Gracias por tu sabiduría que nos instruye en tus caminos. Te pido que seamos tus humildes siervos en cada situación. Gracias por buscarnos sin mostrar favoritismo; podemos descansar sabiendo que somos plenamente aceptados por ti. Amén.

88

CUANDO NECESITE LA PALABRA DE DIOS

Toda la Escritura es inspirada por Dios, y útil para enseñar, para redargüir, para corregir, para instruir en justicia, a fin de que el hombre de Dios sea perfecto, enteramente preparado para toda buena obra.

2 Timoteo 3:16-17

¿Con qué limpiará el joven su camino? Con guardar tu palabra. Con todo mi corazón te he buscado; no me dejes desviarme de tus mandamientos. En mi corazón he guardado tus dichos, para no pecar contra ti. Bendito tú, oh Jehová; enséñame tus estatutos. Con mis labios he contado todos los juicios de tu boca. Me he gozado en el camino de tus testimonios más que de toda riqueza. En tus mandamientos meditaré; consideraré tus caminos. Me regocijaré en tus estatutos; no me olvidaré de tus palabras.

Salmos 119:9-16

PADRE:
   Conoces mi devoción por mi hija. Deseo enseñarla, guiarla y tener influencia en su vida. Quiero compartirle la verdad acerca de ti y ayudarla a descubrir cuán gran Dios eres.

Pero mis propios esfuerzos son débiles e imperfectos. No puedo ser su mejor fuente de sabiduría o dirección. La única manera en que ella descubrirá la verdad perfecta es a partir de la Biblia misma.

¡Coloca un profundo anhelo en su corazón por ti! Haz que tu Palabra cobre vida para que pueda recibir todos los dones que contiene —el mensaje de salvación, tus promesas, ánimo, corrección, conocimiento y sabiduría— ya que los tesoros que allí se encuentran son sin número.

Siendo una jovencita, ella sigue creciendo en devoción y disciplina. Enséñale a buscar tu verdad todos los días. Dale humildad para pedir ayuda cuando no la entienda. Llénala de valentía para declarar lo que dice tu Palabra, incluso cuando el mundo lo descarte como una fábula. Abre su mente para comprender los misterios que solamente tu Espíritu puede revelar. Convéncela de pecado. Guíala. Llénala de esperanza a medida que descubra la luz para su camino.

Hazme un diligente estudiante de tu Palabra. Dame discernimiento para saber cómo usar "bien la palabra de verdad" para que pueda enseñar bien a mi hija (2 Timoteo 2:15). Que mi fidelidad en pasar tiempo contigo la aliente a hacer lo mismo.

Sin esconder tu Palabra en su corazón, mi hija estaría perdida en el pecado y la confusión. Nunca conocerá el poder que la puede traer a la vida. Se encontrará mal equipada para enfrentar el estrés o el dolor. Buscará esperanza en lugares inútiles en lugar de solo en ti. Que mi hija pruebe y vea lo dulces que pueden ser tus palabras. Cuando sostenga tu Libro en sus manos, que sea su mayor tesoro.

Gracias por acercarte y revelarte a través de las Escrituras. Por causa de tu asombroso amor nos das todo lo que necesitamos para la vida y la piedad. Que nos aferremos de todo lo que la Biblia enseña todos los días de nuestras vidas. Haz que esta sea nuestra oración constante.

> "¡Oh, cuánto amo yo tu ley!
> Todo el día es ella mi meditación.
> Me has hecho más sabio que mis enemigos con tus
> mandamientos,
> porque siempre están conmigo.
> Más que todos mis enseñadores he entendido,
> porque tus testimonios son mi meditación.
> Más que los viejos he entendido,
> porque he guardado tus mandamientos;
> de todo mal camino contuve mis pies,
> para guardar tu palabra.

No me aparté de tus juicios,
    porque tú me enseñaste.
¡Cuán dulces son a mi paladar tus palabras!
    Más que la miel a mi boca.
De tus mandamientos he adquirido inteligencia;
    por tanto, he aborrecido todo camino de mentira.
Lámpara es a mis pies tu palabra,
    y lumbrera a mi camino" (Salmos 119:97-105).

Amén.

NOTAS

1. Will Davis Jr., *Pray Big for Your Children* [Ore en grande por sus hijos] (Grand Rapids: Revell, 2009), 16.

2. Kevin Leman, *What a Difference a Daddy Makes: The Indelible Imprint a Dad Leaves on His Daughter's Life* [Qué diferencia hace un padre: la marca indeleble que un padre deja en la vida de su hija] (Nashville: Thomas Nelson, 2001), 5.

3. Martin Luther King Jr., *Strength to Love* [Fuerza para amar], edición de regalo (Minneapolis: Fortress Press, 2010), 26. Publicado originalmente por Harper & Row en 1963.

4. C. S. Lewis, *The Business of Heaven: Daily Readings from C. S. Lewis* [El negocio del cielo: lecturas diarias de C. S. Lewis] (New York: Mariner Books, 1984), 22.

5. Mark Driscoll and Matt Smethurst, "Driscoll, Who Do You Think I Am?" [Driscoll, ¿quién dices que soy?], The Gospel Coalition Voices [Voces de la Coalición del Evangelio], 28 de enero de 2013, http://thegospelcoalition.org/blogs/tgc/2013/01/28/driscoll-who-do-you-think-i-am/.

6. Family Safe Media, "Pornography Statistics" [Estadísticas de pornografía], consultado el 26 de septiembre de 2013, http://familysafemedia.com/pornography_statistics.html.

7. Christian Quotes [Frases cristianas], "Oswald Chambers," consultado el 26 de septiembre de 2013, http://christian-quotes.ochristian.com/Oswald-Chambers-Quotes/page-3.shtml.

8. Francis Chan, *Crazy Love: Overwhelmed by a Relentless God*, 2nd ed. (Colorado Springs: David C. Cook, 2013), 131. Busque la versión en español: Francis Chan, *Loco amor: asombrado por un Dios incesante* (Lake Mary, FL: Casa Creación, 2012).

9. John Calvin, *The One Year at His Feet Devotional* [Devocional, una año a sus pies] (Wheaton: Tyndale Momentum, 2006), 24.

10. Erwin Lutzer, *Lies about God and the Truths That Shatter Deception* [Mentiras acerca de Dios y las verdades que destrozan el engaño] (Grand Rapids: Kregel, 2009), 89.

11. D. L. Moody, *Mornings with Moody* [Mañanas con Moody] (Dallas: Primedia eLaunch, 2012), 36.

12. Reggie McNeal, *Get Off Your Donkey! Help Somebody and Help Yourself* [¡Bájate del asno! Ayuda a alguien y ayúdate a ti mismo] (Grand Rapids: Baker, 2013), 74.

13. Dr. Chap Clark and Dr. Kara E. Powell, *Sticky Faith: Everyday Ideas to Build Lasting Faith in Your Kids* [Fe pegajosa ideas cotidianas para desarrollar una fe duradera en sus hijos] (Grand Rapids: Zondervan, 2011), 65.

14. Dr. Tim Kimmel, *Raising Kids Who Turn Out Right* [Cómo criar niños que terminen bien] (Scottsdale, AZ: Family Matters, 2006).

Rob Teigen fue editor profesional durante más de veinte años y es el autor de la serie de mayor venta *Laugh-Out-Loud Jokes for Kids* [Ríe a Carcajadas, Chistes para Niños] (bajo el seudónimo Rob Elliott). Él y su esposa, **Joanna Teigen**, han celebrado veinticinco años de matrimonio y tienen cinco hijos quienes traen aventura a sus vidas en West Michigan. Juntos desarrollan recursos para alentar a parejas y familias, incluyendo *88 Great Daddy-Daughter Dates* [88 ideas excelentes para salir con tu hija]. Conozca más en www.growinghometogether.com